**DISGUSTING DIGESTION**
BY NICK ARNOLD

Text Copyright © Nick Arnold, 1998
Illustrations Copyright © Tony De Saulles, 1998
Translation copyright © Gimm-Young Publishers, Inc., 1999
All rights reserved.

This Korean language edition is published by arrangement with
Scholastic Ltd., London through Eric Yang Agency, Seoul.

## 꼬르륵 뱃속여행

1판 1쇄 인쇄 | 999. 11. 30.
개정 1판 1쇄 발행 | 2019. 12. 5.

닉 아놀드 글 | 토니 드 솔스 그림 | 김은지 옮김

발행처 김영사 | 발행인 고세규
등록번호 제 406-2003-036호 | 등록일자 1979. 5. 17.
주소 경기도 파주시 문발로 197(우10881)
전화 마케팅부 031-955-3100 | 편집부 031-955-3113~20 | 팩스 031-955-3111

값은 표지에 있습니다.
ISBN 978-89-349-9872-3  74080
ISBN 978-89-349-9797-9  (세트)

좋은 독자가 좋은 책을 만듭니다. 김영사는 독자 여러분의 의견에 항상 귀 기울이고 있습니다.
독자의견전화 031-955-3139 | 전자우편 book@gimmyoung.com
홈페이지 www.gimmyoungjr.com | 어린이들의 책놀이터 cafe.naver.com/gimmyoungjr

이 책의 한국어판 저작권은 EYA(Eric Yang Agency)를 통한 Scholastic Limited사와의 독점
계약으로 ㈜김영사에 있습니다.
저작권법에 의해 한국 내에서 보호를 받는 저작물이므로 무단전재와 무단복제를 금합니다.

이 도서의 국립중앙도서관 출판시도서목록(CIP)은 서지정보유통지원시스템
홈페이지(http://seoji.nl.go.kr)와 국가자료공동목록시스템(http://www.nl.go.kr/kolisnet)에서
이용하실 수 있습니다. (CIP제어번호 : CIP2019032109)

---

**어린이제품 안전특별법에 의한 표시사항**

제품명 도서  제조년월일 2019년 12월 5일  제조사명 김영사  주소 10881 경기도 파주시 문발로 197
전화번호 031-955-3100  제조국명 대한민국  ⚠ 주의 책 모서리에 찍히거나 책장에 베이지 않게 조심하세요.

# 차례

| | |
|---|---:|
| 책머리에 | 7 |
| 고생 끝에 이룬 발견 | 10 |
| 뱃속 가득 소화 기관 | 18 |
| 군침 도는 음식? | 33 |
| 둘이 먹다 하나 죽어도 모르는 독 | 43 |
| 속만 상하는 소화기 질환 | 54 |
| 건강 만점? 맛은 빵점! | 71 |
| 입만 열면 꾸역꾸역 | 93 |
| 위대한 자여, 그대 이름은 위! | 112 |
| 꾸불꾸불 창자 여행 | 122 |
| 효소가 부글부글 | 131 |
| 굽이굽이 몸 속을 돌고 또 돌아 | 143 |
| 뱃속 여행을 끝내며 | 159 |

**닉 아놀드**(Nick Arnold)

닉 아놀드는 어린 시절부터 책을 써 왔지만, 『꼬르륵 뱃속 여행』을 쓰면서 유명해지리라곤 꿈도 꾸지 못했다. 그는 이 책을 쓰기 위해 요충과 싸우고, 위산 속에서 목욕을 하는가 하면, 돼지고기 파이를 먹기까지 했다. 그는 즐거운 마음으로 이 모든 일을 기꺼이 했다.

≪앗, 이렇게 재미있는 과학이!≫ 시리즈에 몰두하지 않을 때면, 그는 남는 시간을 대학에서 강의를 하면서 보낸다. 그의 취미 생활은 피자먹기, 자전거타기, 재미없고 촌스러운 농담 지어 내기 등이다.

**토니 드 솔스**(Tony De Saulles)

기저귀를 차고 다닐 때부터 크레용을 가지고 놀았던 토니 드 솔스는 ≪앗, 이렇게 재미있는 과학이!≫ 시리즈에 흠뻑 빠져들어, 그림을 그리기 위해 맛이 끔찍한 학교 급식을 맛보기까지 했다. 다행히도, 큰 탈은 없었다고 한다.

솔스는 그림 도구를 가지고 밖으로 나가지 않을 때면 시를 쓰거나 스쿼시를 즐긴다. 그러나 아직까지 스쿼시에 대한 시는 한 편도 쓰지 않았다.

# 책머리에

하품 나는 과학 시간이 끝나기 10분 전. 시계 바늘은 졸린 달팽이보다 더 느리게 기어가고, 눈꺼풀은 천 근처럼 내리누른다. 정말 지긋지긋하기만 하다.

자꾸만 내려오는 눈꺼풀을 멈추게 하기 위해서는 무슨 생각이든 해야 한다. 맛있는 점심? 그거 정말 괜찮은 생각이군. 아침 먹은 지도 한참 됐으니까, 학교 급식으로 나오는 점심 생각이나 해야지. 마침 배도 출출해 맛있는 음식생각을 하니 군침이 돈다.

바로 그 때, 선생님이 괴상한 질문을 던진다.

침묵이 흐른다.

아무도 대답이 없다. 바로 그 때, 내 뱃속에서 '꼬르륵' 소리가 나는 게 아닌가! 마치 커다란 천둥이 치는 것처럼 귀가 멍멍할 정도로. 그 소리는 교실 벽을 울리고, 반 친구들은 일

제히 나를 쳐다본다. 아, 이런 황당한 일이! 어떻게 이 위기를 탈출해야 할까?
a) 얼굴이 빨개져서 "미안해"라고 말한다.
b) 잘생기고 똑똑한 옆 친구가 낸 소리라고 마구 우긴다.
c) 벌떡 일어나 교실 창문을 닫으면서, "태풍이 오려나 봐. 방금 그거 천둥 소리 맞지?"라고 말한다.

여러분이 과학자라면 과학적인 답을 알고 있을 텐데……. 과학자들 중에는 실제로 평생 동안 소화만 연구하는 사람도 있다. 소화란, 음식물이 몸에 들어와 우리가 살아가고 자랄 수 있도록 분해되고 흡수되는 과정이다. 어때? 어제 먹은 피자만큼이나 짜릿하게 들리지?

그러나 과연 그럴까?

소화는 구역질나는 것이기도 하다. 놀라울 정도로! 그리고 이 구역질나게 놀라운 과정이 지금 바로 여러분의 몸 속에서 일어나고 있다. 이 책에는 놀라운 과학적 비밀과 구역질나는 사실이 배꼽 빠질 이야기와 함께 실려 있다. 이 책을 읽고 난 다음에는 선생님의 질문에 이렇게 대답할 수 있을 것이다.

\* 복명(腹鳴) : 가스가 뱃속을 통과하면서 내는 소리

과학에는 많은 법칙들이 있지만, 반드시 지루해야 한다는 법칙은 없다. 그렇다면 한 가지 문제만 남는다. 여러분은 정말 구역질나는 발견들에 관한 이야기를 읽을 수 있을 만큼 배짱이 두둑한가?

이 책을 읽어 보면 자연히 알게 될 것이다…….

## 고생 끝에 이룬 발견

어린 의과 대학생의 얼굴이 하얗게 질렸다. 눈이 튀어나오고, 입은 다물어지지 않았다. 소리를 지르고 싶었지만, 아무 소리도 나오지 않았다. 도망가려고 마음먹었지만, 다리가 말을 듣지 않았다. 끔찍한 악몽에서 깨어나고 싶었지만, 그것은 꿈이 아니었다. 그것은 실제 상황이었다.

방에는 참새가 푸드덕거리고 있었는데, 녀석들은 바닥에 있는 시체를 쪼아 먹고 있었다. 그리고 커다란 쥐 한 마리가 구석에 숨어서 사람 뼈 한 조각을 빠드득빠드득 갉아먹고 있었다. 1821년, 한 병원에서 있었던 일이다.

겁낼 건 없다. 오늘날의 병원은 많이 달라졌으니까. 그러나

파리에 있는 해부 실습실(의과 대학생들이 공부를 하기 위해 시체를 자르는 곳)을 찾은 18세의 의과 대학생, 엑토르 베를리오즈(Hector Berlioz ; 1803~1869)는 이 광경을 보고 말했다. 이 광경은 당시의 의사나 과학자가 소화의 비밀을 밝혀 내기 위해 참아야 했던 구역질나는 조건 중 하나에 지나지 않았다.

## 최초로 해부를 한 이집트 인

고대 이집트 사람들은 이미 5000년 전에 해부를 시작했다. 미라를 만들 때마다 사람의 내장을 끄집어 냈으니까. 창자 및 그 밖의 장기를 꺼내 항아리에 담았는데, 장기는 쉽게 상해서 미라를 보존하는 데 문제가 생기기 때문이었다. 고대 이집트 인은 미라가 내세에서 사용할 수 있도록 장기를 항아리에 넣어 보관했다.

그러나 고대 이집트 인은 소화 기관의 구조와 작용에는 관심이 없었다. 그러면 처음으로 소화 기관에 관심을 가진 사람은 누구냐고? 글쎄……. 괴팍한 성격의 로마 인 의사는 어떨까?

## 명예의 전당 : 클라디우스 갈레노스 (Cladius Galenos ; 129?~201?) 국적 : 로마

갈레노스는 이렇게 말했다.

여러분의 어머니는 그런 성격이 아니길 빈다. 불쌍하게도, 갈레노스는 어머니의 성격만 물려받고, 아버지의 성격은 거의 아무것도 물려받지 않았다.

갈레노스는 어릴 때부터 머리가 아주 비상했다. 13세가 되기도 전에 세 권의 책을 썼으며, 평생 동안 모두 500여 권의 책을 썼다. 그 중에는 『초보자를 위한 뼈 이야기』, 『흑담즙에 관하여』, 『신체 부위의 유용성에 관하여』 등등 재미있는 제목의 책도 있었다. 갈레노스는 걸어다니면서 12명의 필사자들에게 각각 다른 12권의 책에 쓸 내용을 받아 적게 한 적도 있었다.

갈레노스는 의학에 관한 한 자신의 견해가 진리라고 생각했다. 그는 심지어 이런 말까지 했다.

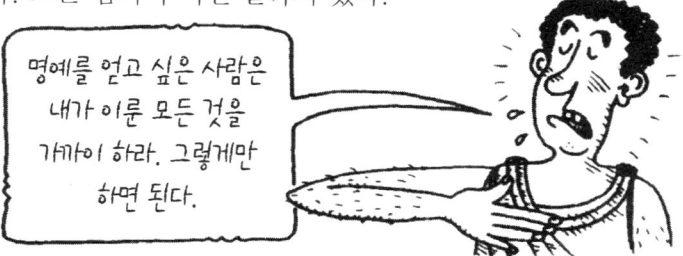

겸손을 떠는 건지 잘난 체하는 건지 잘 모르겠다고? 문제는 갈레노스가 항상 옳았던 것은 아니라는 데 있었다. 사실, 갈레노스의 생각에는 틀린 것도 많았다. 예를 들면, 그는 피가 장에서 만들어지고, 간으로 가면 파랗게 변한다고 생각했다.

이건 명백하게 틀린 생각이다. 피는 골수와 지라에서 만들어진다. 그는 심지어 얼토당토않은 말을 책에 쓰기도 했다. 예를 들면, 사람의 이는 모두 16개라고 했는데, 이의 개수도 제대로 못 세는 사람이 위대한 의사였다니 믿을 수가 없다!

갈레노스는 사람의 시체가 아닌 죽은 동물을 주로 해부했기 때문에 어처구니없는 실수도 많이 저질렀다. 그러나 감히 반대 의견을 내놓는 의사는 없었다. 고약하기 그지없는 갈레노스의 성격 때문이었다(갈레노스는 신성한 '평화의 사원'에서

상대방에게 고래고래 소리지르며 욕설을 퍼부은 적도 있었거든). 사람들이 더 두려워한 것은, 갈레노스가 친구인 로마 황제를 꼬드겨서 자신들에게 벌을 내리게 부탁하는 것이었다.

약 1500년 동안 의사들은 갈레노스의 이론을 믿었다. 직접 시체를 해부해 보면 그 이론이 옳은지 그른지 확인할 수 있었지만, 아무도 그러려고 하지 않았다. 많은 나라에서 해부가 금지되어 있었고, 허용된다 하더라도 고상한 척하는 의사들은 피투성이 시체에 손대는 일을 조수에게 맡기곤 했다.

## 시체를 훔친 의사

안드레아스 베살리우스(Andreas Vesalius ; 1514~1564)에게는 끔찍한 습관이 있었는데, 그것은 바로 시체를 훔치는 것이었다. 그는 나이가 많건 적건, 남자건 여자건, 시체가 너무 부패하지만 않았다면 이것저것 가리지 않았다. 베살리우스가 벨기에의 루뱅이라는 어느 도시에서 일할 때에는 시체를 얻기 위해 치사한 방법을 쓰기도 했다. 바로 이렇게……

● 묘지에서 시체를 파냈다.

● 사형당해 길거리에 내걸린 죄수의 시체를 훔쳤다.

● 사형 집행이 끝나면, 집행장에서 시체를 슬쩍 빼냈다.

 베살리우스는 훔친 시체를 방에 숨겼다가, 깊은 밤이 되면 촛불을 켜 놓고 시체의 속을 조사했다. 완전히 미친 사람 아니었느냐고? 천만에! 그는 몸이 어떻게 작용하는지 그 신비를 파헤치려고 한 과학자였다. 그의 끔찍한 행동은 그 답을 얻을 수 있는 유일한 길이었다. 앞에서도 말했듯이, 그 당시에는 해부가 법으로 금지돼 있었기 때문이다.
 1536년, 베살리우스가 이탈리아 파도바 대학의 해부학 교수가 되자, 일은 한결 쉬워졌다. 그 곳에서는 당국이 해부를 허락했으며, 심지어는 해부학 시간에 신선한 시체를 공급하기

위해 죄수의 처형 날짜를 조정하기도 했다.

오늘날에는 해부 실습을 위해 시체를 훔칠 필요가 없어졌으니, 정말 축하할 일이지? 어떤 사람들은 자신이 죽으면 학생들의 해부 실습을 위해 시신을 기증하겠다고 약속하기도 한다.

★ 요건 몰랐을걸!
베살리우스가 가장 좋아한 게임을 배워 볼까?
1. 먼저 눈을 가린다.
2. 친구에게 뼈를 집어 손에 건네 달라고 한다.
3. 그 뼈의 모양과 느낌으로 어떤 뼈인지 알아맞힌다.
4. 정답을 알아맞히면 게임에서 이긴다.

## 시체 공부

베살리우스는 이전의 어느 누구보다도 사람 몸의 내부에

대해 많은 걸 알아 냈으며, 장(창자)의 구조를 정확하게 설명한 최초의 사람이었다. 1543년, 그는 자신이 알아 낸 것을 『인체의 구조에 관하여』라는 책으로 출간하였다. 이 책은 인체의 각 부위와 골격 그림을 보고 끔찍해 할지도 모를 독자들을 위해 멋진 풍경 그림도 함께 실었다. 혹시 그 책이 베스트셀러가 된 것은 그 풍경 그림 때문이 아니었을까?

그러나 베살리우스는 끔찍한 최후를 맞이하였다. 소문에 따르면, 어느 귀족의 시체를 자를 때, 시체가 꿈틀거렸다고 한다. 시체가 살아 있었던 것이다! 베살리우스는 도망치기로 결심하고 머나먼 항해에 나섰다. 그러나 불행하게도, 배가 난파하는 바람에 베살리우스는 무인도에서 굶어죽었다. 더욱 불쌍한 것은, 함께 있어 준 친구 한 사람 없었다는 것!

이렇게 재미있는 뱃속 이야기를 들어 본 적이 있는 사람? 그럼, 이제부터 이빨을 딱딱 맞부딪치게 만들 뱃속 여행을 떠나 보기로 하자. 다음 장은 어쩌면 비위가 약한 사람에게는 거북할지도 모르겠다. 좀 메스껍거든.

## 뱃속 가득 소화 기관

그러면 장을 한번 자세히 들여다볼까? 물론 이건 끔찍한 일이지만, 의문을 해결하려면 반드시 해야 하는 일이다. 그런데 안내를 맡은 막무가내 박사에게 그만 문제가 생겼다. 아무 생각 없이 만년필 뚜껑을 물다가 그만 뚜껑을 삼켜 버린 것이다! 그 뚜껑은 창자 어디에선가 헤매고 있겠지.

운 좋게도 막무가내 박사는 마침 무엇이든 줄이는 축소 기계를 발명한 직후였다.

이제 막무가내 박사는 2.5 cm의 키로 축소되어 창자를 탐험

할 사람을 찾는 일만 남았다. 누구 도와 줄 사람 없어? 불행하게도 다른 의사들은 모두 피치 못할 사정이 있었다. 그래서 막무가내 박사는 이 불쾌한 일을 맡아 줄 사람으로 경험 많은 탐정, 미스터 곱창맨을 고용했다.

우선, 곱창맨은 위험한 임무를 수행하는 동안에 소화되지 않도록 특수 제작된 보호복을 입어야 한다.

다음에 곱창맨 탐정의 보고서를 소개하니, 원하는 사람은 한번 보도록! 정말 끝내 주는 내용이니까.

## 머나먼 뱃속 여행

아주 쉬운 임무 같았다. 한번 쓱 정찰만 해 보면 끝나겠지. 그래서 나는 "문제 없습니다"라고 큰소리치며 이 일을 맡기로 했다. 그러나 그것이 첫 번째 실수였다. 나야 원래 별 볼일 없는 탐정이긴 했지만, 축소 광선을 맞으면서 나는 자신이 한없이 쪼그라드는 것을 느꼈다. 무엇보다 참을 수 없는 것은, 막무가내 박사가 날 삼킨다는 사실이었다!

### 단단한 이

이는 아주 단단해 보였다. 이는 물어뜯는 것, 씹는 것, 잘게 부수는 것, 베는 것 등 여러 종류가 있는데, 나한테는 모두 위험한 무기로 보였다. 이는 정말 단단해서 자르려면 다이아몬드 칼이 필요하다고 한다.

### 부드러운 혀

갑자기 바닥이 들썩거리는 게 느껴졌다. 사실, 그렇게 놀랄 일은 아니었다. 나는 혀 위에 서 있었으니까. 혀는 쉴새없이 움직이는 근육으로, 몸놀림이 정말 날쌨다. 박사가 말하는 동안 혀는 커다란 침 범벅으로 당근 조각을 패스하면서 또 다른 조각을 이 틈새로 날렸다. 혀가 저런 일을 하다니 정말 놀라웠다! 몸을 민첩하게 움직이지 않으면, 저 커다란 침 덩어리에 묻히고 말 것이다. 나는 필사적으로 탈출구를 찾아 헤맸다.

**침샘**

그러나 너무 늦었다. 갑자기 뜨겁고 축축한 게 느껴져서 발밑을 보니 무릎까지 침 속에 빠져 있었다. 큰일났다! 그러나 어려운 문제를 해결하는 게 바로 나의 특기 아닌가! 입 속에는 6개의 침샘이 숨어 있다는 사실을 나는 알고 있다. 여기서 탈출하기 위해서는 식도 속으로 뛰어드는 게 나을 것 같았다. 그러나 그것은 오산이었다.

박사의 글……

곱창맨 탐정을 씹지 않으려고 노력하는 것은 정말 힘들었다. 다행히도, 그가 식도로 가는 바람에 그를 삼키기가 쉬워졌다. 침은 지저분하게 생각될지 모르지만, 효소라는 단백질이 가득 들어 있어서 소화에 큰 도움을 준다.

1. 효소는 음식물에 들어 있는 다른 화학 물질과 결합해서……
2. 음식물을 창자벽에서 흡수할 수 있을 정도로 아주 작게 쪼갠다(소장에서는 그 밖에도 아주 많은 일이 일어난다).

그러면 내 목구멍, 아니 전문 용어로 식도 안으로 떨어진 곱창맨 탐정에게는 어떤 일이 일어났을까?

### 식도

운 좋게도, 내 몸은 박사의 목구멍에 걸려 멈췄다! 그러자 박사가 재채기를 하며 캑캑거리기 시작했다. 박사가 캑캑댈 때마다 몸이 심하게 흔들렸다. 갑자기 머리 위로 물이 쏟아지더니, 나는 물에 휩쓸려 갔다! 내 몸은 수시로 좁은 곳에 끼였다. 숨이 막힐 정도로 좁은 곳에 끼일 때도 있었다. 식도 벽은 내 몸을 조임으로써 아래로 내려가게 했다. 나는 반쯤 씹힌 음식물에 부딪치기도 했다. 식도 벽은 음식물을 짓눌러 공 모양으로 만들었다. 나도 저렇게 되겠지. 어서 빠져 나가야지. 그러나 늦었다.

제발 삼키지 말아요, 박사님!

박사의 글······.

곱창맨 탐정 뒤에 있던 식도 벽이 움츠러들면서 그를 납작하게 만들었다. 이것을 전문 용어로 '연동 운동'이라고 한다. 다행히도 곱창맨 탐정은 기도 속으로 떨어지지 않았다. 만약 그랬더라면, 나는 그가 다시 내 입으로 나올 때까지 계속 기침을 했을 것이다.

### 위(胃)

나는 위로 내동댕이쳐졌는데, 다이빙이라기보다는 '배치기'에 가까웠다. 위 속은 죽처럼 걸쭉한 호수 같았는데, 생김새며 냄새는 구토물 같았다. 정말 끔찍했다! 구역질도 마구 났다! 나는 위벽이 흔들리는 바람에 이리저리 휩쓸려 다녔다. 세탁기 속에서 돌아가는 양말짝처럼. 음식물이 녹는 걸로 봐서 위액은 강한 산성인 것 같다. 내 보호복이 새삼 고맙게 느껴졌다!

박사의 글……

위는 내가 먹은 음식을 녹이기 위해 하루에 약 2리터의 위산을 분비한다. 물론 여기에도 효소가 있어서 소화 작용을 돕는다.

### 소장(작은창자)

몇 시간 뒤, 나는 위 아래쪽에 있는 출구로 간신히 빠져 나왔다. 그리고 사방을 둘러보았더니, 마치 내가 지하철처럼 긴 원통형 관 속에 들어 있는 것 같았다. 나는 헬멧의 전조등을 켜고 지도를 펼쳤다. 어디로 가야 할지 보기 위해서였다. 나는 먼저 십이지장과 공장(空腸), 회장(回腸)으로 가야 했다(처음 듣는

지명들이지만). 그 다음에는 지도에 '소장', 즉 작은창자라고 적혀 있는 지점을 통과했는데, 아무리 가도 끝이 없는 것 같다. 나는 계속 몸을 움직여 열심히 전진했다. 창자 속은 너무 좁아서 내 몸을 꽉 짓눌렀으며, 나는 어떻게든 찌그러지지 않으려고 계속 움직였다. 내 발은 부드러운 고무 같은 바닥에 자꾸 빠졌다. 그 때, 커다란 파란색 물체가 창자벽의 주름에 걸려 있는 것이 보였다. 바로 만년필 뚜껑이었다! 나는 조심스럽게 그걸 떼내어 팔 아래에 끼었다. 이젠 소화되지 않고 여기서 무사히 빠져 나가기만 하면 된다.

**소화액 벼락**
그 때, 갑자기 소화액 벼락이 쏟아졌다. 소화액은 마치 자동 세차기에서 쏟아져 나오는 세차액처럼 뿜어 나왔는데, 차이점은 그걸 뒤집어 쓰고 나서도 내가 전혀 깨끗해지지 않는다는 것. 나는 간에서 나온 갈색의 끈적끈적한 쓸개즙과 좀더 엷은 색깔의 이자액을 뒤집어 쓴 채 계속 대장을 향해 나아갔다.

박사의 글……

쓸개즙은 기름진 음식 찌꺼기를 분해한다. 쓸개즙은 쓸개에서 나오며, 쓸개는 간 바로 아래에 있다. 한 마디 더 한다면, 췌장(이자)은 길이가 18 cm쯤 되며, 위 아래쪽에 있다. 췌장은 여러 가지 소화 효소를 분비하는 것은 물론, 혈당량(핏속에 포함된 당분의 양)을 조절하는 화학 물질을 만들어 낸다.

**충수**

대장에서 이상한 것을 하나 발견했다. 작은 관처럼 생긴 것인데, 길이는 5 cm 정도이고, 그 끝은 막혀 있었다. 그제야 난 이게 뭔지 알았다. 이것은 바로 흔히 맹장이라고 부르는 충수(충양돌기)로, 특별히 하는 일은 없는 것 같았다. 여기에 염증이 생기는 걸 충수염, 곧 맹장염이라고 한다.

박사의 글…….

곱창맨 탐정이 제대로 알고 있군! 내 충수는 평생을 아무 하는 일 없이 지낸다. 도대체 왜 거기 있는지 알 수가 없다. 그러나 대장이 거기 있는 이유는 분명하다. 대장은 음식 찌꺼기 속에 남아 있는 수분과 미네랄을 빨아들이는 일을 한다.

**직장**

이제 난 지쳤다. 그래서 털썩 주저앉았다. 그런데 그게 큰 실수였다. 물컹한 갈색 물질 속으로 푹 빠졌는데, 냄새가 지독했다. 거긴 바로 직장이었다. 직장은 대장의 마지막 부분으로, 출구는 하나밖에 없었다. 출구 밖으로 화장실 변기가 보였다. 거기까지 아래로 기다란 통로가 연결돼 있는데, 다른 길은 없다. 나는 만년필 뚜껑을 꺼내 변기 속으로 떨어뜨렸다. 이젠 내가 다이빙할 차례이다.

박사의 글······.

대장은 온갖 음식물 쓰레기가 모이는 곳이다. 이 곳을 지나는 동안 창자벽을 통해 음식물 찌꺼기에 남아 있는 수분이 빠져 나간다. 욱! 잠깐만 실례. 아무래도 화장실에 좀······.

**탈출**

이제 떠나야 할 때가 됐다. 끔찍한 낙하산 점프를 한 뒤, 변기 속에서 헤엄쳐 나온 나는 임무를 무사히 마쳤다. 박사가 이번엔 자신의 간을 점검해 달라고 했지만, 이제는 만사가 귀찮다. 그저 푹 쉬고 싶다. 차라리 난폭한 범죄자와 위험한 격투를 벌이는 편이 훨씬 낫다.

### 알쏭달쏭 한 마디

답:
여러분에 똥(便)은 공짜이다. 대체 누가 돈을 낼까지?
이사가, 응, 웃을 독을 이따림에, 이거슨 당연한 따리이사
이 얼마나 이공놈이 숙소리기 때문이다. 먼, 이사가 따리이
를 때, 거기에 '배출세'라는 엉뚱한 세금이 붙는 순간부터 표
정은 굳어질 이 뻔하다.

★ 요건 몰랐을걸!
1. 뱃속에 벌레를 키우는 사람도 있다. 못 믿겠다고? 그렇지만 사실인걸! 회충, 요충, 편충은 모두 장에 살면서 반쯤 소화된 음식물로 매일 파티를 즐기고 있다. 이 녀석들은 대개 음식물에 묻어 우리 몸 속으로 들어온다. 우리 몸 속에서 낳은 알은 대변과 함께 몸 밖으로 빠져 나가 음식물을 통해 다른 사람의 몸 속으로 다시 들어간다. 그렇지만 크게 걱정할 필요는 없다! 요즘엔 구충제 한 알이면 녀석들을 일망타진할 수 있으니까.
2. 장에는 또한 세균(일명 박테리아)이라고 하는 미생물*들이 살고 있다. 자그마치 400여 종에 이르는 세균들이 괴상한 냄새를 만들면서 대장에서 행복하게 살고 있다. 여러분의 몸무게 중 1.5kg은 바로 이 녀석들의 것이다! 그러나 세균은 대부분 해롭지 않으며, 오히려 우리 몸을 건강하게 해 주는 비타민 K와 B를 만드는 데 도움을 주기도 한다(80~83쪽의 설명을 볼 것).

* 미생물이란, 아주 작은 생물을 뜻하며, 미생물학은 그러한 작은 생물을 연구하는 분야이다. 미생물을 보려면 현미경이 필요하다. 미생물의 크기는 아주 작아서, 뾰족한 바늘 끝에서도 수백 마리나 발견할 수 있을 정도이다.

## 뱃속 여행에서 빠진 것들

곱창맨 탐정은 급하게 빠져 나오느라 몇 가지 중요한 이야기를 빼 먹었다. 그 때 못 한 이야기를 여기서 하기로 하자.

## 생명을 유지시켜 주는 간

핏속에 섞인 소화된 음식물 분자는 간으로 가서 인체에 필요한 물질을 만든다. 간은 쓸개즙을 만드는 일을 비롯해 수백 가지 중요한 일을 한다(24쪽 참고).

## 미주 신경(迷走神經)

미주 신경은 마치 긴 전화선과 같아서 장의 여기저기를 어지럽게 달리며 뇌의 메시지를 전달한다. 미주 신경이 전달하는 메시지에는 장벽을 조이라든가, 혈구를 다음 목적지로 보내라는 것 등이 있다.

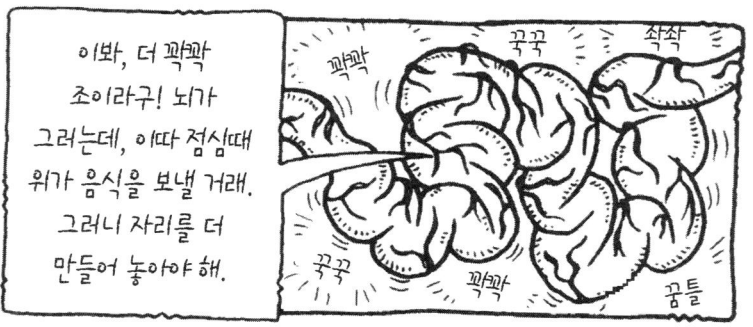

## 거대한 여과 장치, 신장

신장(콩팥)은 여과 장치와 같다. 피가 신장을 지나갈 때, 핏속에서 여분의 물과 노폐물을 걸러 내 방광으로 보낸다.

## 소변 저장소, 방광

방광은 주름이 많이 잡힌 주머니로, 평소에는 말린 자두처럼 쪼글쪼글하지만, 오줌이 가득 차면 커다란 풍선처럼 부풀어 오른다. 방광이 부풀어 오르는 속도는 물을 얼마나 많이 마시느냐에 따라 결정되며, 대부분의 사람들은 하루에 4~6차례 소변을 본다.

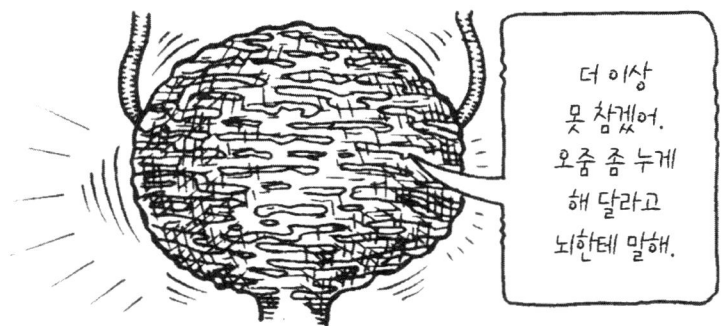

그러면 어떤 사람의 방광이 가득 찼는지 어떻게 알 수 있을까? 그거야 쉽지. 화장실을 찾으면서 얼굴을 씰룩거리고, 어쩔 줄 몰라하며 몸을 비비꼬는 사람을 찾으면 된다. 그럴 때,

만약 여러분이 무심한 사람이라면, 아마 다음과 같이 행동하지 않을까?

**a)** 그 애를 따라 몸을 비비꼬며 춤판을 벌인다.

**b)** 그 애에게 걱정 말라고 한다. 방광은 400 cc까지 오줌을 거뜬히 저장할 수 있으니까.

사실, 방광은 튼튼한 편이어서 어른의 경우 지름 10 cm까지 부풀어 올라도 터지지 않는다.

## 괴상한 신체 부위에 관한 퀴즈

지금까지 뱃속 여행에 관한 중요한 사실들을 알아봤으니, 이젠 구석에 숨어 있어서 잘 보이지 않는 것들을 점검해 보자. 아주 괴상한 이름이 붙어 있는 다음의 신체 기관들 중에서 여러분 몸 속에 진짜로 있는 것과 가짜를 가려내 보라.

1. 디버 창
2. 랑게르한스 섬
3. 리베르퀸 음와(陰窩)
4. 볼보 농포(膿疱)

5. 플린트 궁상 구조
6. 페랭 추체(錐體)
7. 머리 섬유
8. 성상(星狀) 정맥

답:

1. 진피. 이것은 살 속에 숨겨진 층으로, 종이 가장자리에 붙어 있으며 콜라겐 섬유와 탄력 있는 물질로 되어 있다. 이것을 탐구한 영국 과학자 중 블레어 디버(John Blair Deaver)의 이름에서 딴 것이다.

2. 진피. 랑게르한스 섬은 췌장 속에 있으며, 인슐린이라는 호르몬을 생성한다. 인슐린은 탄수화물이 에너지로 변하는 속도를 조절하는 기능을 한다. 1869년에 이것을 발견한 독일 의사 파울 랑게르한스(Paul Langerhans)의 이름에서 딴 것이다.

3. 진피. '동혈' 된 아무도 않은 곳. 리베르퀸 동굴이 있는 장소 안에 소화를 돕는 등.숙액을 만들어 낸다. 아라비아 공화국 의사이자 필란트로피인 마른서리...

4. 기체. 볼보(Volvo)는 수레덩이 자동차 이들...

5. 진피. 온강 구조로 생긴 구조로 있는 것, 플린트 온강 구조는 감 속에 있어 털 줄리아 뿌리이다. 이것을 발견한 미국 과학자 오스틴 플린트(Austin Flint)의 이름에서 딴 것.

6. 진피. 풀린트 온강 구조 위에 있는 뿌리. 피리미드로 만들어진 이 부위의 이름은 1746년에 이것에 대해 기록한 프랑스인 앙투안 페렝(Antoine Ferrein)의 이름에서 딴 것이다.

7. 진피. 이 안에 길 같은 생유이다.

8. 진피. 사장에 피 공급을 매달려 있는 정맥이다. 베르 하이엔의 벨트(Verheyen's stars). 이것은 뿌르크. 1699년에 이것에 대해 기록한 벨기에 혁명학자 필립 베르하이엔(Philippe Verheyen)의 이름에서 딴 것이다. 사지르 베르하이엔은 상자이가 다 예정이었지만, 대신 의학을 공부하고 교수가 되었다.

축하한다! 여러분은 이제 무사히 이 장을 마쳤다.

배가 고프다고? 벌써 저녁 먹을 시간이 됐나? 다음 장에서 구역질나는 음식 이야기를 읽기 전에 뭘 좀 미리 먹어 두는 게 좋을걸?

# 군침 도는 음식?

이번 장은 음식에 관한 이야기로, 우리가 어떤 음식을 먹고, 또 얼마나 많이 먹는지 알아볼 것이다. 그렇다고 군침이 도는 이야기는 아니니 오해하지 말길! 사실은, 별 괴상한 음식들이 다 나오는 공포 영화에 가깝다. 비닐 봉지가 필요하느냐고? 물론이지. 틀림없이!

## 우리는 대식가

우리가 평생 동안 먹는 음식은 약 30톤으로, 코끼리 6마리 또는 코뿔소 20마리의 무게와 맞먹는다. 1년에 먹어 치우는 양만 해도 감자 78 kg, 설탕 26 kg, 사과 500개, 빵 150개, 달걀 200개, 거기다가 아이스크림도 몇 개 추가된다.

여러분이 매일 빵에 버터만 발라서 먹는다면, 평생 25만 조각의 빵을 먹게 된다. 그런데 이보다 더 먹는 사람들도 있다.

미국의 미련퉁이 에드워드 밀러(Edward Miller)는 엄청난 대식가로, 한 끼에 11인분의 음식을 먹었다. 1963년, 그는 한 번에 닭 28마리를 먹어 치우기도 했다. 그렇지만 일부 동물에 비하면 이 정도는 새발의 피에 불과하다.

- 코끼리는 하루에 나뭇잎과 나무 껍질 0.5톤을 먹어 치운다.

- 흰긴수염고래가 하루에 먹는 플랑크톤(바다에 사는 아주 작은 생물)의 양은 4톤이나 되는데, 이것은 한 사람이 1년 동안 먹는 음식의 양보다 많다. 한 가지 더! 고래는 사람보다 2000배나 무겁다.

- 작은 동물들도 사람에 비해 훨씬 많은 양을 먹는다. 예를 들면, 몸무게가 2 g밖에 안 되는 에트루리아뾰족뒤쥐는 하루에 자기 몸무게의 3배나 되는 먹이를 먹는다. 이것은 마치 사람이 하루에 양 한 마리, 닭 50마리, 커다란 식빵 60

개, 사과 150개를 먹는 것과 같다. 에트루리아뾰족뒤쥐는 왜 그렇게 많이 먹느냐고? 그럴 수밖에 없다. 추운 날씨에서 체온을 유지하고 활동을 하기 위해서는 그만큼 많은 먹이를 먹어야 필요한 에너지를 얻을 수 있으니까.

## 나도 과학자가 될 수 있을까?

음식을 좋아한다고 해서 꼭 요리사가 되어야 할 필요는 없다! 대신에 과학자가 될 수도 있다! 과학자는 군침 도는 실험도 하기 때문이다. 다음 실험 결과를 제대로 예측하면, 여러분도 훌륭한 과학자가 될 자질이 있다.

**1.** 1970년대에 몇몇 미국 과학자들은 파티에 가서 사람들이 음식을 먹는 것을 관찰했다(실제로 파티에서 이런 짓을 하는 것은 실례!). 과학자들은 뚱뚱한 사람이 날씬한 사람보다 많이 먹는다는 사실을 알게 됐다(대단하군!). 그런 다음, 과학자들은 식탁에 있던 음식을 모두 싸서 옆방으로 가져가 버렸다. 그 다음에 어떤 일이 일어났을까?

**a)** 뚱뚱한 사람들이 음식을 가지러 옆방으로 왔다.
**b)** 뚱뚱한 사람들은 움직일 생각도 안 했다. 대신에 마른 사람들이 옆방으로 와서 음식을 먹었다.
**c)** 싸움이 일어났고, 파티를 망친 과학자들은 쫓겨났다.

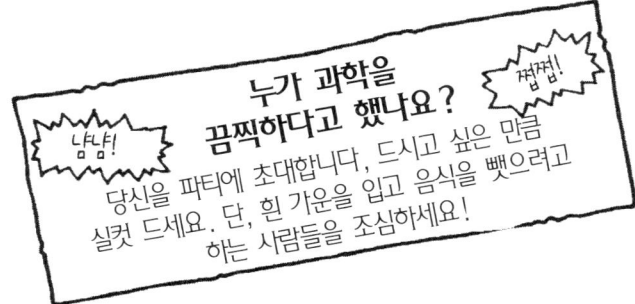

누가 과학을 끔찍하다고 했나요?
냠냠! 쩝쩝!
당신을 파티에 초대합니다, 드시고 싶은 만큼 실컷 드세요. 단, 흰 가운을 입고 음식을 뺏으려고 하는 사람들을 조심하세요!

**2.** 1970년대에 버지니아 대학의 과학자들은 사람들에게 부드럽고 달콤한 밀크 셰이크를 먹게 한 뒤, 아이스크림 여러 개를 먹어 보게 했다(정말로 과학자들이 하는 실험 맞아?). 이 실험의 목적은 어떤 사람이 아이스크림을 가장 많이 먹는지 알아보기 위한 것이었다. 어떤 사실을 발견했을까?

**a)** 살 빼려는 사람들이 아이스크림을 더 많이 먹었다.
**b)** 살 빼려는 사람들이 아이스크림을 더 적게 먹었다.
**c)** 모든 사람들이 먹을 수 있는 한 많이 먹었다. 모두 공짜였기 때문. 그런 다음, 여기저기에 토했다.

답:

1. b) 운동할 사람들은 음식이 있을 때에만 많이 먹었다. 그렇지만 등산을 하거나, 미친 사람들이 더 많이 먹었다. 미친 사람들이 더 많이 음식을 찾으러 나섰기 때문.

2. a) 살을 빼려는 사람들 사이에 딜레마가 있다. 과학자들이 말한 세 가지 이유 중 살이 찌면 안 된다는 다이어트에 나빠지고 말했기 때문이다. 그들은 아이스크림이 정말 맛있다는 쓸모 있었다. 아이스크림을 먹을 수밖에 없다고 생각하기 때문.

## 엄청난 식욕

여러분이 얼마나 많이 먹을 수 있는가 하는 것은 위가 얼마나 큰가에 달려 있다. 어쨌든 먹은 음식을 어딘가에 넣어 둘 곳이 있어야 하잖아? 식욕을 조절하는 곳은 뇌 아래쪽에 있는 콩만한 크기의 '시상 하부'이다. 시상 하부는 지금이 음식을 먹을 때인지, 그만 먹을 때인지 뇌에 신호를 보내 준다. 먹는 것을 그만두고 싶지 않을 때는 정말 좋아하는 음식을 맛있게 먹고 있을 때일 가능성이 높다. 그리고 먹고 싶은 생각이 들지 않을 때는 아마도 학교 급식이 앞에 놓여 있을 때가 아닐까?

## 괴상한 음식들

음식은 아주 중요하다. 단순히 배를 채우기 위한 것만이 아니다. 음식은 건강 유지와 성장에 필요한 여러 가지 화학 물질을 공급한다. 그러나 음식 중에는 우리가 좋아하는 것도 있지만, 끔찍하게 싫어하는 것도 있다. 자, 다음의 학교 급식 메뉴 중에서 먹고 싶은 것은?

정말 이상한 일이지만, 어떤 선생님들과 심지어는 일부 정상적인 사람들까지도 학교 급식이 아주 맛있다고 생각한다! 그것은 사람마다 제각기 입맛이 다르기 때문이다. 다른 사람들과 마찬가지로 여러분도 두세 살 무렵에 자기가 좋아하는 음식을 정했을 것이고, 그 후로 그런 음식을 먹어 왔을 것이다. 그러나 전세계 사람들이 먹는 음식은 제각각이며, 그 중에는 여러분이 깜짝 놀랄 만한 것도 있다. 그래서 겁없기로 소문난 우리의 곱창맨 탐정에게 몇 가지 수상쩍은 음식을 먹어 봐 달라고 부탁했다.

**수상쩍은 음식에 관한 보고서**
이번 임무는 정말 괜찮아 보였다. 메스꺼운 위액 속에서 헤엄칠 필요도 없고, 변기통으로 점프해야 할 필요도 없으니까. 그냥 냠냠 식사만 하면 된다. 나 같은 명탐정에게 이런 시시한 일을 시키다니! 그러나 이 생각은 오산이었음이 곧 밝혀졌다.

**1. 해기스**
(스코틀랜드)

**2. 치털링스**
(미국 남부)

**3. 개구리 다리**
(중국과 프랑스)

**4. 프라호크**
(캄보디아)

**5. 양의 눈**(양의 머리를 푹 고아서 빼낸 것)
(중동)

**1.** 맛이 훌륭하다. 양파와 허브 그리고 고기의 맛이 좋았다. 그런데 두 번째 접시를 먹고 있을 때, 그 고기는 양의 심장과 폐를 위 속에 넣은 것이라고 말해 주는 것이 아닌가! 그러자 갑자기 속이 메슥거렸다.

**2.** 정말 맛있었다. 아주 바삭바삭했다. 그런데 그게 다진 돼지 창자를 옥수수 가루에 묻혀서 돼지 비계에 구운 것이라니! 그 말을 듣자, 나는 입 속에 든 음식을 억지로 꿀꺽 삼키고, 다음 음식을 먹기로 했다.

**3.** 이 음식이 무엇인지는 즉시 알 수 있었다. 난 두 눈을 딱 감고 한입 베어 물었다. 물컹물컹한 닭고기 맛 같았다. 차라리 이게 닭고기였다면!

**4.** 맛이 기기묘묘했다. 생선인 것도 같고, 아닌 것도 같고, 좀 짭짤했다. 그러나 생선을 양념장에 으깨 넣어 며칠 동안 상할 때까지 둔다는 말을 듣고 나서야 나는 비로소 이것이 상한 생선이란 걸 알았다.

**5.** 내가 눈알 하나를 집어들자, 그 눈알이 나를 쳐다보았다. 눈알과 눈알이 마주친 것! 나는 땀이 나기 시작했다. 그 눈알이 날 똑바로 노려보자, 나는 어떻게 해야 할지 깨달았다. "그래, 결심했어. 더 이상 못 하겠어!" 이 일은 정말 메스꺼웠다.

불쌍한 곱창맨 탐정은 눈알을 먹지 못했다. 전에 한 번도 눈알을 먹어 본 적이 없기 때문이다. 그러나 혀나 가슴 혹은 목을 먹는 게 눈알을 먹는 것과 무슨 차이가 있을까? 이것은 순전히 관습상의 차이일 뿐이다. 만약 곱창맨 탐정이 중동에서 자랐다면, 아마 두 살 때부터 양의 눈알을 먹었을 뿐만 아니라, 무척 좋아했을 것이다.

### ★ 요건 몰랐을걸!

**1.** '사비나 아바네로(*Savina habanero*)'라는 빨간 고추는 너무나도 매워서 1g만 넣어도 그것의 50만 배나 되는 음식에 그 맛을 낼 수 있다고 한다! '사비나 아바네로'를 먹으면, 마치 용처럼 숨을 쉴 때마다 불을 내뿜고 귀에서는 연기가 나겠군! 최소한 그런 느낌은 들 것이다.

**2.** 파푸아뉴기니에서는 1970년대까지만 해도 죽은 친척을 먹는 관습이 있었다고! 그 중에서도 뇌를 가장 귀한 음식으로 여겼는데, 원주민들은 그것을 먹는 것이 죽은 이에 대해 존경심을 표하는 것이자, 머리가 좋아진다고 믿었다.

그 밖에 절대 먹어서는 안 될 것들을 몇 가지 소개한다.

## 독약

세상에는 먹는 것이라면 물불 가리지 않는 사람도 있다. 그렇다고 과연 독약을 먹을 사람이 있을까? 1733년, 네드 워드(Ned Ward)라는 의사는 배탈을 비롯해 모든 질병의 치료에 안티몬이라는 약을 썼다. 그러나 안티몬은 고대 이집트에서 파리를 죽이기 위해 사용했던 일종의 독약이다. 그러니 환자들이 복통을 일으켰으리라는 건 안 봐도 짐작할 수 있겠지?

당시의 한 괴짜 시인은 네드 워드에 관해 이런 시를 썼다.

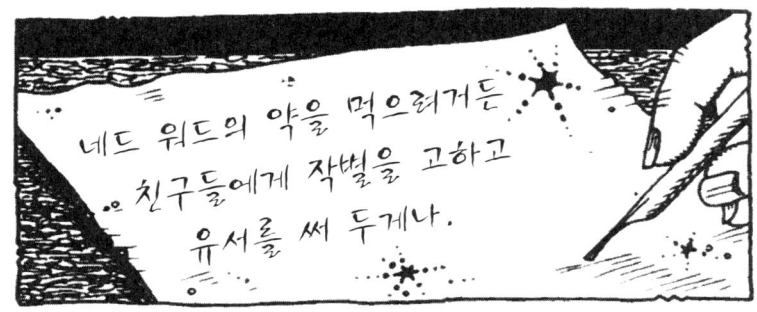

그러나 대부분의 사람들은 네드 워드의 광고를 믿었으며, 치료를 위해서는 약간의 고통이 필요하다고 생각했다. 네드 워드는 명성을 얻었으며, 심지어는 불쌍한 환자들에게 신비의 약을 무료로 나눠 주기도 했다. 이렇게 친절할 수가! 이상한 것은 네드 워드는 절대로 자신의 약을 먹지 않았다는 것. 그것이 바로 그가 오래 살 수 있었던 비결이었다.

안티몬은 음식에 들어갈 수 있는 수많은 독 중 하나에 불과하다. 다음 장에서는 음식의 독에 대해 알아볼까?

# 둘이 먹다 하나 죽어도 모르는 독

음식은 우리의 목숨을 위협할 수 있다. 음식 자체가 아니라, 그 안에 들어 있는 것 때문에. 음식에는 온갖 종류의 독과 병균이 들어 있을 수 있다. 따라서, 자기 몸을 지키기 위해서는 우선 그러한 것들에 대해 자세히 알 필요가 있다.

### 진상 조사 X-파일 : 독

**이름** : 독

**기초 사실** : 독은 일종의 화학 물질로, 몸 안에 들어가면 우리를 아프게 만든다. 산이 들어 있어 장을 녹이는 것도 있고, 혈액에 섞여 뇌로 들어가 환자의 목숨을 위협하는 것도 있다.

**끔찍한 사실** :

1. 치명적인 독 중에는 독소라는 것도 있다. 독소는 음식에 들어 있는 세균이 만들어 낸다. 어떤 독소는 여러분의 목숨을 앗아 갈 수도 있다.

2. 몸에서 독을 제거하는 가장 좋은 방법은 토해 내는 것이다. 독이 들어 있는 음식을 먹었을 때, 사람들이 밤새 토하는 것은 바로 이 때문이다.

## 선생님을 골려 주는 질문

쉬는 시간에 선생님을 골치 아프게 해 보자. 사과를 베어 먹다가 벌레를 씹은 것 같은 표정을 지으시도록! 교무실 문을 살짝 노크한 다음, 선생님이 나타나거든 예쁘게 웃으면서 이렇게 물어 보라.

답 : 커피를 짧은 시간 동안 너무 많이 마시면 죽을 수 있다. 이 죽음의 용량은 카페인(콜라에도 들어 있음)을 몸무게 1킬로그램 당 약 4그램이다. 그러니까 어른 한 사람을 죽이려면 카페인이 약 100잔, 커피 약 100잔이 필요한데 대체로 그 전에 몸이 먼저 반응을 일으켜서 너무 많은 커피를 마실 수 없게 된다.

## 좋은 소식과 나쁜 소식

먼저, 좋은 소식부터! 독을 먹는다는 것은 사실 쉽지 않다. 입 안에 들어가는 음식물에 조금 신경 쓰기만 하면, 해로운 화학 물질을 먹는 일은 없을 것이다. 음료수가 이상하다 싶으면 마시지 말고, 음식이 수상하다 싶으면 먹지 않으면 된다. 세균이 음식물 속에서 독소를 만들어 내는 일 역시 아주 드물게 일어난다.

이번엔 나쁜 소식! 식중독을 일으키는 세균은 엄청나게 많다. 이들 세균은 억세게 운이 좋을 경우엔 가벼운 복통만 일으키는 것으로 그치지만, 운이 나쁠 경우에는 생명까지 앗아 간다(그 이야기는 다음 장에 자세히 나온다).

식중독이 일어나면 어떻게 될까? 이 답을 찾던 우리는 한 의사가 식중독 환자에 대해 쓴 메모를 가까스로 입수했다. 아래에 그 의사가 직접 쓴 메모를 소개한다.

---

**돼지 고기 식중독 환자의 사례**

환자가 심히 괴로워함. 환자는 △△학교의 교사로, 학교 매점에서 오래 된 돼지 고기 햄버거를 먹었다고 함. 장의 통증을 호소함. 30분마다 구토와 설사를 함. 장의 근육이 조여들면서 음식 찌꺼기에서 수분을 짜내기 때문에 위아래로 물이 나오는 것으로 생각됨. 현재 환자의 몸은 오염된 음식물을 내보내려고 노력하고 있음.

**병명**: 식중독

**처방**: 2~3일간 요양이 필요함. 1~2일간은 따끈한 보리차와 이온 음료만 먹을 것. 이렇게 하면, 혈액 중의 백혈구가 장으로 가서 남아 있는 독소를 없애는 동안 전해질을 보충하고, 탈수 증상을 예방할 수 있음.

**전망**: 힘든 세상을 계속 살아가야 할 팔자임.

---

그렇다. 세균은 항상 우리를 공격할 준비를 하고 있다. 50쪽에서 보겠지만, 우리의 곱창맨 탐정이 지금 열심히 세균을 쫓고 있다. 그러나 세균은 비열한 술수를 준비하고 있다……

## 세균의 극비 전쟁 계획

제군들이여, 우리의 적은 인간이라는 족속이다. 제군들의 임무는 음식과 음료수에 침투하여 인간들의 장을 공격하는 것이다. 그들을 아프게 하고, 토하게 하고, 괴롭게 만들어라. 제군들은 냉장고 문이 열리는 즉시 임무를 시작해야 한다. 다음의 전투 실행 계획은 읽은 후에 반드시 먹어 치워 없애도록. 행운을 빈다!

### 전투 실행 계획 (극비)
### 주의 : 인간의 손에 닿지 않게 할 것

#### 1. 재빨리 은폐물을 찾을 것

숨기 좋은 곳 : 흙, 더러운 물. 인간은 여러분을 찾느라고 이런 곳을 뒤지지는 않는다. 똥이나 쓰레기통도 숨기 좋은 곳이다.

#### 2. 이동하기

첫 번째 목표는 인간의 손이나 손가락, 옷에 묻은 다음, 음식으로 침투하는 것이다. 손톱은 아주 훌륭한 은신처로, 우리를 위한 보금자리라고 생각해도 된다. 몸 안으로 바로 들어갈 수 있는 최적의 장소이므로!

파리는 우리의 1급 지원 부대이다. 파리가 수분을 보충하기 위해 쇠똥에 앉는 순간을 놓치지 말 것. 파리는 그런 다음에 인간이 먹는 음식에 앉는다. 이 때, 파리는 소화액을 음식에 토한 다음, 다시 그걸 빨아들인다. 바로 이 때 음식으로 재빨리 이동하라.

## 3. 행동 개시!

먹기 시작한다. 먼저 효소를 찌익 뱉어 음식을 녹인 다음 빨아들인다. 화학 물질을 많이 만들어서 음식을 썩게 하고, 악취가 나게 해야 한다는 걸 명심하라.

소시지
(이전 모습)

소시지
(지금 모습)

## 4. 대원 보충

또 한 가지 간단한 임무가 있다. 몸을 반씩 둘로 나누고, 그것을 다시 계속 둘로 나누어 간다. 이렇게 하면 곧 수백, 수천, 수백만 마리의 대원이 늘어난다. 이렇게 엄청난 수로 늘어나면 장에 대한 대규모 공세를 취할 수 있다.

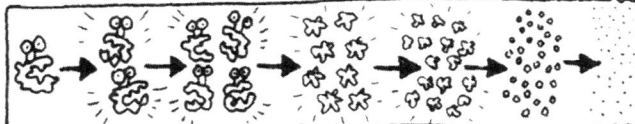

## 5. 마지막 주의 사항

인간은 여러분과 싸우기 위해 온갖 무기를 사용할 것이다. 특히, 항생제를 조심해야 한다. 항생제는 인간이 여러분을 없애기 위해 만든 강력한 라이벌 세균이므로 아주 조심하지 않으면 안 된다.

항생제를 많이 투입하면 여러분 부대 전체가 완전히 전멸할 수도 있으니까.

## 직접 해 보는 실험 : 음식물은 어떻게 썩을까?

준비물 :
귤 한 조각
커다란 비닐

실험 방법 :

비닐 봉지에 귤을 넣고 입구를 묶은 다음, 따뜻한 곳에 6일 간 둔다.

그러면 어떤 일이 일어날까?

**a)** 귤에 아무런 변화도 일어나지 않는다.
**b)** 귤이 흐물흐물해지면서 냄새가 난다.
**c)** 귤이 이전보다 커진다.

> 답 : b) 세균이 공기 속에 떠다니다가 귤에 앉으면 귤이 썩는다. 비닐 봉지 속에서 귤이 내뿜는 수증기와 열로 인해 세균이 더 빨리 번식한다. 그래서 귤은 훨씬 더 빨리 썩는다.

## 음식을 다룰 때 주의해야 할 사항

세균을 음식물에 옮기지는 말자. 그렇지만 그래도 꼭 해 보고 싶다면……. 다음과 같이 하면 확실하지.

● 음식에 대고 재채기를 한다.

● 음식에 대고 기침을 한다. 그러면 입 속, 코 속에 있던 세

균이 밖으로 튀어나온다. 이럴 땐 손수건을 사용하도록 하라. 아니, 아니! 손수건으로 음식을 싸라는 게 아니라, 손수건으로 입을 막고 기침을 하라고! 세균은 불결한 상처를 통해 몸 안으로 들어갈 수도 있다.

● 손을 씻지 않고 음식을 먹는다(여러분 손에는 틀림없이 세균이 묻어 있게 마련).
● 코를 쑤시거나 손톱을 물어뜯는다. 이것은 수백만 마리의 세균을 몸 안에 들여 보내는 환상적인 기회를 제공한다. 또, 한 가지 더! 이 두 가지 행동을 한꺼번에 하면 사회 생활을 하는 데 지장이 많다!

● 이 사이에 끼여 있는 음식을 손가락으로 집어서 먹는다. 절대로 권할 만한 행동이 아님.

## 못 말리는 곱창맨 탐정의 활약

식중독에 걸렸던 불쌍한 선생님(45쪽 참고)을 본 우리는 뭔가 수상한 일이 벌어지고 있는 게 분명한 학교 식당과 돼지 고기 햄버거를 조사해 보기로 했다. 이런 일을 하려면 경험이 많고 헌신적이어야 하며, 무엇보다 배짱이 있어야 한다. 아무리 생각해도 이 일을 할 수 있는 사람은 곱창맨 탐정밖에 없었다.

## 곱창맨 탐정의 또 하나의 지저분한 임무

### 수상쩍은 음식에 관한 보고서
작성자: 곱창맨 탐정

마침내 진짜 탐정다운 일을 맡게 되었다! 수상쩍은 비밀을 밝혀 내는 일! 내가 알기로는 학교 식당은 보건복지부로부터 정기 점검을 받는 깨끗한 곳이다. 그런데 이 곳은 좀 달랐다. 정말 불결하기 짝이 없는 곳이었다. 속이 울렁거렸지만, 나는 마침내 사진을 찍는 데 성공했다.

각 사진에서 세균이 있을 만한 곳을 찾아보라!

답 :
1. 머리카락은 아무리 깨끗하다고 해도, 세균을 옮길 수 있다. 따라서, 부엌에서 머리를 빗는 것은 좋지 않은 생각이다. 세균이 묻어 있는 비듬과 피부 조각이 음식에 떨어질 수 있다.
2. 머리를 묶지도 않고, 머리 수건도 쓰지 않고 있다. 이것은 세균이 묻어 있는 머리카락을 음식에 떨어뜨리는 가장 좋은 방법이다.
3. 음식을 식히기 위해 입으로 바람을 부는 것은 입 속에 있는 세균을 음식에 보내는 멋진 방법이다. 침이 튈 수도 있다.
4. 더러운 손과 손톱. 또한, 옷에 앞치마도 하고 있지 않다. 이런 사람이 음식을 만지는 순간, 세균 부대가 음식으로 이동한다.
5. 부엌에는 절대로 파리가 있어서는 안 된다. 부엌에 들어오는 파리에겐 죽음만이 있을 뿐.
6. 냉장고 문이 열려 있어서 음식이 찬 상태로 보관되지 못한다. 온도가 낮으면 활발히 움직이던 세균도 활동을 멈춘다.
7. 온갖 음식이 냉장고 안에서 섞이기 때문에 생고기에 있던 세균이 번식하기 좋은 익은 고기로 쉽게 옮겨 갈 수 있다.
8. 썩은 음식이 가득 들어 있는 쓰레기통은 세균에게는 호텔 같은 곳.
9. 바퀴벌레는 어둡고 축축한 곳을 좋아한다. 바퀴벌레가 밖에 나와 있는 음식을 답사하는 동안 바퀴벌레에 묻어 있던 세균이 옮는다.
10. 고양이를 식탁 위에서 내려놓아야 한다! 고양이가 아무리 좋아도, 고양이에 붙어 있는 세균까지 좋아하진 않겠지? 세균이 잔뜩 붙어 있는 고양이 털을 버터와 함께 먹는다면……. 웩!

## 즉석 퀴즈 : 음식을 신선하게 보존하는 방법

세균을 없앨 수 있다면, 음식을 더 오래 신선하게 보관할 수 있다. 다음 중 효과가 있는 방법은?
1. 음식을 끓인 다음, 공기가 들어가지 않는 그릇에 넣는다.
2. 세균이 들어 있는 음식을 으깬 다음, 플라스틱 통에 넣는다.
3. 음식에 설탕이나 소금을 많이 넣는다.

4. 장작불에서 나오는 연기에 음식을 그을린다.
5. 음식에서 공기를 빼내어 세균이 숨쉬지 못하게 한다.
6. 세균이 들어 있는 채로 얼린다.
7. 세균이 목말라 죽도록 음식을 말린다.
8. 음식을 무지무지 빨리 돌린다. 그러면 세균이 어지러워하다가 결국 죽는다.

답:
1. 옳다. 음식을먹어서 열을 가하면 세균이 죽는다. 그리고 음식을 삶기가 틀어가지 않은 용기에 담아 두면, 세균이 침입할 수 없다.
2. 아니다. 세균은 약간의 햇빛에서 번식하며, 음식을 상하게 한다.
3. 옳다. 산불이 훨훨 타는 동안은 공기이 빠진다. 세균은 몸 없이 살 수 없다. 점이 상하지 않은 것은 바로 이 때문.
4. 옳다. 연기가 음식을 그을리면 방기가 참지않으니 방지 효과 물론 이 세균을 죽인다. 훈제 생선이 오래동안 상하지 않는 것은 이 때문.
5. 옳다. 그러나 세균서 표정은 것이니, 이렇게 하면 음식이 다 돌아 몸 시장에서 팔린다 수 있다.
6. 옳다. 세균은 꼭꼭하면 더 이상 운동하지 않 살아갈 수 없다. 얼은 것은 이 때문.
7. 옳다. 세균서 '보자, 크고 아주 작은 것이 살이 헌테를 하나들 수 있지만, 물이 없으면 활동할 수 없다.
8. 아니다. 세균이 어지러워하는 몸을 수 없다.

세균을 모조리 없애는 것은 불가능하다. 세균은 지역에 따라 서로 다른 종류들이 존재하며, 그 중에는 우리 몸에 들어올 기회만 호시탐탐 노리는 녀석들도 있다. 따라서, 우리 몸은 구토나 설사를 일으키는 끔찍한 소화기 질환과 싸울 준비가 되어 있어야 한다. 바로 다음 장에 그러한 소화기 질환들이 기다리고 있다.

# 속만 상하는 소화기 질환

음식을 소화하는 것보다 더 역겨운 것은 세균 때문에 생기는 소화기 질환이다. 소화기 질환의 종류는 일일이 나열할 수 없을 정도로 많으며, 그 중에는 치명적인 것도 있다. 이번에도 곱창맨 탐정에게 여러분의 배를 아프게 하는 소화기 질환에 대해 알아봐 달라고 부탁했다. 문제의 △△학교는 상황이 아주 나쁘다. 많은 선생님과 학생이 위험한 상황에 처해 있다. 주방에는 여러 가지 병원균이 득실거리는 게 분명했다. 그 병원균의 정체를 밝히는 것이 이번에 곱창맨 탐정이 맡은 임무이다.

# 치명적인 병원균에 관한 보고서

작성자 : 곱창맨 탐정

병원균은 눈을 씻고 찾아봐도 쓸모라곤 하나도 없는 생명체이다. 나는 녀석들을 발견하고 충격을 받았다. 이런 녀석들이 학교 주방에 숨어 있었다니, 소름이 끼쳤다. 병원균은 아이 어른 할 것 없이 무차별 공격한다. 면역력이 약한 어린 아이나 나이 든 선생님은 가장 좋은 공격 대상이다. 학교 문을 닫을 지경에 이르기 전에 녀석들을 소탕하지 않으면 안 된다.

**이름** : 살모넬라균(*Salmonella*)
**사는 곳** : 숨어 있는 걸 좋아함(날고기와 달걀에 숨어 있음. 좋아하는 피신처는 닭의 내장). 학교 주방의 냉장고에서 통닭 한 마리를 발견하였다. 그러나 그 닭은 어딘지 건강해 보이지 않았다.
**별명** : 1000여 가지가 있으므로, 아무것이나 하나 고를 것.
**증상** : 구토와 설사를 계속 일으킴. 전세계에서 수십만 명을 공격한 악명 높은 '살인자' 임.

**이름** : 리스테리아균(*Listeria*)
**사는 곳** : 흙, 똥, 더러운 물, 치즈, 닭고기, 샐러드. △△학교 주방의 치즈에서 수상한 냄새가 남. 리스테리아균은 −5°C에서 가장 활동이 활발하므로 냉장고 안에 보관하는 것도 아무 소용이 없음. 녀석은 아주 강해서

42°C에서도 살 수 있다. 일단 이 균이 몸에 들어오면 의사부터 부르는 게 상책이다.

증상: 뇌염과 비슷한 심각한 증상을 나타냄. 생명을 잃을 수도 있음.

이름: 포도상 구균(*Staphylococcus*)
사는 곳: 콧구멍이나 기타 피부에 나 있는 상처와 부스럼. △△학교의 요리사들의 몸에는 포도상 구균 부대가 붙어 있었음이 분명함. 포도상 구균은 음식을 냉장고 안에 넣지 않고 오랫동안 밖에 내놓았을 때 많이 생김. 3일 동안이나 냉장고에 넣어 두지 않아서 썩어 버린 △△학교 주방에 있는 고기처럼.
이동 경로: 손에 있는 상처에서 음식으로 옮겨 감.
증상: 설사, 구토, 장의 경련. 최소한 1주일은 침대에 누워 있어야 함.

이름: 보툴리누스균(*Clostridium botulinum*)
사는 곳: 흙, 생선, 고기, 야채
이동 경로: 다행하게도, △△학교에서는 이 균이 보이지 않았음.
증상: 보툴리누스균에 감염되면 물체가 둘로 보이고, 체력이 떨어지고, 말하는 게 힘들어지다가…… 죽는다.
치명적 무기: 보툴리누스균의 독성은 치명적이어서, 보툴리누스균 10 mg만 있으면 전세계의 모든 사람을 감염시킬 수 있다.

## 결론

이들 병원균은 정말 해로우므로 반드시 퇴치해야 한다. 그러나 퇴치한다는 게 결코 쉬운 일은 아니다. 녀석들은 떼를 지어 몰려다니는데다가 무수히 많은 은신처를 갖고 있다. 녀석들을 깡그리 없애 버리는 방법은 오직 청결밖에 없다!

그런데 이 녀석들보다 훨씬 더 위험한 병원균들이 있다. 학교 주방에서 결코 만나고 싶지 않은 그런 끔찍한 녀석들 말이다…….

세균 박멸 무기

이름: 비브리오 콜레라균(*Vibrio cholera*)
사는 곳: 콜레라 환자의 배설물이 섞여 들어간 더러운 물
이동 경로: 더러운 물에서 자란 조개류를 먹을 때, 콜레라균도 함께 몸 속으로 들어감(앞으로는 굴을 먹을 때 조심해야겠군). 대개의 경우, 더러운 물을 마실 때 몸 속으로 콜레라균이 침투함. 그래서 수돗물을 담당하는 상수도 회사에 알아봤더니, 수돗물에 문제가 있을 때에는 염소를 넣어서 소독한다고 한다.
증상: 콜레라의 원인균임. 심한 구토와 상상할 수 없을 정도로 끔찍한 설사, 그리고 장 경련. 콜레라에 걸리면 몸 안에 있는 물이 빠져 나가 안색이 창백해진다. 거울을 보면 마치 시체를 보는 것 같은 착각이 들 정도.

콜레라 환자

이름: 장티푸스균(*Salmonella typhi*)
사는 곳: 장티푸스에 걸린 사람의 배설물. 장티푸스균은 악명 높은 살모넬라균의 친척임.
이동 경로: 더러운 손이나 파리 혹은 먼지 근처에서 얼쩡거림.
증상: 발진과 심한 기침이 나고, 녹색 설사를 한다. 치료하지 않을 때의 사망률은 무려 20%. 정말 위험한 병원균이군!

이름: A군 이질균(*Shigella dysenteriae*)
사는 곳: 장, 배설물, 더러운 물과 음식
별명: 시가이질균. 아메바(과학자들은 이게 아주 작은 덩어리처럼 생긴 동물이라고 한다)에 의해 발생할 수 있기 때문에 아메바성이질이라고도 부른다.
증상: 장에서 간으로 번지면서 고열을 일으킨다. 심지어는 장에 구멍을 뚫기도 한다.

## 결론

갑자기 몸이 아파 온다. 학교 주방에서 임무를 수행하다 보니 배가 출출했다. 그래서 아무 이상도 없어 보이는 과일 한 조각을 먹었는데, 아랫배가 살살 아파 오면서 열이 난다. 이질에 걸린 게 분명하다. 아악! 내 장! 도대체 화장실은 어디에 붙어 있는 거야?

★ **요건 몰랐을걸!**

이질 때문에 엉뚱하게 목숨을 잃은 불행한 의사도 있었다! 580년, 프랑크 왕국의 군트람 왕의 아내인 아우스트리칠디아 왕비가 이질에 걸렸다. 두 명의 의사가 왕비를 돌봤지만, 고열 때문에 반쯤 정신이 나간 왕비는 그들이 자기를 살리려고 애쓰지 않는다고 생각했다. 그래서 왕에게 만약 자신이 죽으면 두 의사를 무덤 옆에서 처형해 달라고 부탁했다. 결국 왕비는 죽었고, 불행한 두 의사도 목숨을 잃었다.

그로부터 천 년 후, 이질을 비롯해 그 밖의 위험한 소화기 질환의 원인과 치료법을 밝혀 내려고 도전한 사람이 있었다.

**명예의 전당 : 루이 파스퇴르**(Louis Pasteur ; 1822~1895)
국적 : 프랑스

파스퇴르는 식사 예절이 나쁘기로 유명했다. 그는 빵을 가지고 장난치는 걸 좋아했는데, 빵 조각을 잘게 찢어 그 속에 먼지나 털실 또는 바퀴벌레가 들어 있는지 조사했다. 만약 조금이라도 이상한 것이 발견되면, 당장 휴대용 현미경을 꺼내 그것을 자세히 들여다보았다(여러분은 흉내내지 말기를).

웨이터! 내가 양고기 달랬지, 바퀴벌레 달랬소?

그 다음에는 유리 컵을 조사하면서 다른 사람들 눈에는 보이지도 않는 먼지를 닦곤 했다. 그뿐만이 아니었다. 파스퇴르는 쥐나 으깬 신체 조각을 가지고 한 끔찍한 실험 이야기를 큰 소리로 떠들곤 했다. 병균에 미쳐 있던 그로서는 당연한 일이었다. 그는 손에 병균이 묻을까 봐 조심하는 것은 물론이고, 다른 사람과 악수도 하지 않았다. 그런데 이상하게도, 파스퇴르의 부인은 이런 남편에 대해 조금도 불평하지 않았다. 오히려 든든한 조수 역할을 했다.

파스퇴르는 병균의 입장에서 볼 때에는 철천지원수였다. 그는 악당을 쫓는 강력계 형사처럼 병균을 추적했다. 일요일도 없이 단 하루도 빠지지 않고 그는 밤낮으로 병균에 대해 연구했다. 파스퇴르가 병균을 싫어하게 된 데에는 그럴 만한 이유가 있었다. 그의 딸이 장티푸스로 죽었던 것이다.

학생 시절, 파스퇴르는 그렇게 총명한 편은 아니었다. 선생님들은 그가 물리나 화학에서 평범한 성적을 얻었다고 말했다. 그렇지만 그는 과학을 끈질기게 파고들어 마침내 화학 교수가 되었다. 그러면 그의 업적을 몇 가지 알아보자.

- 포도주와 맥주가 신맛이 나도록 변하는 것이 효모 때문임을 밝혔다. 이 연구를 위해 파스퇴르는 포도밭을 방문하고, 포도주 시료를 채취했다. 파스퇴르는 액체를 50~60°C에서 몇 초간 끓이면 그 액체의 맛을 변화시키지 않고 효모를 죽일 수 있다는 사실을 알아 냈다. 이것이 바로 저온 살균법으로, 오늘날 우유 살균에 많이 사용되고 있다.
- 어느 날, 파스퇴르는 닭콜레라균이 섞인 배양액을 그냥 놔 둔 채 휴가를 떠났다. 휴가에서 돌아온 그는 병균이 많이 죽어 있다는 사실을 발견했다. 그 약해진 병균을 닭에게 주사했더니, 닭들은 그 후에 닭콜레라에 걸리지 않았다. 닭의 몸 속에서 죽은 병균에 대한 면역체가 만들어졌고, 이 면역체는 살아 있는 닭콜레라균에 대해서도 효과적으로 작용했기 때문이다. 이와 같이 죽어 있는 세균이나 약해진 세균을 백신(vaccine)이라 부른다. 여러분이 끔찍하게 싫어하는 예방 주사는 바로 이 백신을 몸 안에 집어넣는 것이다.

- 파스퇴르는 탄저병과 광견병 백신도 개발했다. 특히, 걸렸다 하면 죽을 수밖에 없었던 광견병에 대한 백신을 개발하여 많은 사람들로부터 칭송을 받았다. 다만, 광견병 백신은

주사맞을 때 굉장한 고통이 따르는 게 문제였다. 그래도 목숨을 건질 수 있다는데 웬만한 고통이야 참아야겠지?

## 나도 과학자가 될 수 있을까?

1860년, 파스퇴르는 효모 추출액과 설탕을 넣고 잘 밀봉한 플라스크들을 가지고 높은 산으로 올라갔다. 해발 1500 m 지점에서 그는 플라스크 뚜껑을 열어 차가운 공기를 넣고 다시 입구를 봉했다. 파스퇴르는 공기 중에 있는 세균이 들어가야만 플라스크 안의 혼합물이 변할 것이라고 믿었다. 또, 그는 다른 언덕과 그것보다 더 높은 언덕 그리고 지하실에서 채취한 공기를 각각 다른 플라스크에 집어넣었다. 어떤 결과를 얻었을까?

**a)** 모든 플라스크에 같은 양의 세균이 들어 있었다. 즉, 높이에 상관 없이 세균의 양은 같다.

**b)** 산과 더 높은 언덕의 공기가 들어 있는 플라스크에서 많은 세균이 발견되었다. 바람이 공기 중의 세균을 위로 올려 보냈기 때문.

**c)** 낮은 언덕의 공기가 들어 있는 플라스크에 세균이 많았으며, 산과 지하실 공기가 들어 있는 플라스크에서는 아주 조금밖에 발견되지 않았다.

> 팁: ⊙ 파스퇴르의 치료 또는 예방법이 배앓이 때문에 죽어가는 사지를 포함하여 다른 사람들을 많이 구했다. 그의 사지병 치료법은 오늘날의 사지병 치료법과 별로 다르지 않다. 사지병에 걸린 동물이 물면 곧 발병하고, 거의 죽게 된다. 광병은 특히 잔이 많다. 치료법이 없었을 때에는 사지병에 걸리면 살아날 수가 없었다. 그의 사지병 내용을 시작을 수 있는 훌륭한 사지 치료법은 파스퇴르에 의해서 1860년에 시작되었다. 그 뒤 유아의 사지병에 천여히 어정한 수많은 사람들이 살아났다.

## 장티푸스의 공격

파스퇴르는 피나는 연구에도 불구하고, 어린이들의 목숨을 앗아 가는 장티푸스균의 정체를 밝히지 못했다. 장티푸스균은 1880년에 독일의 카를 요제프 에베르트(Karl Joseph Eberth)가 발견했지만, 그 후로도 장티푸스의 공격에 많은 사람들이 죽어 갔다. 1915년에는 에디스 클레이폴(Edith Claypole)이라는 미국인 과학자가 장티푸스를 연구하던 중에 장티푸스에 걸려 사망하기도 했다. 1909년, 의사들은 또다시 이 무서운 장티푸스와 맞닥뜨리게 되었다. 다음 이야기는 장티푸스가 어떻게 하여 전염될 수 있는지 들려 준다.

### 장티푸스 메리(Typhoid Mary)

1909년, 뉴욕.

메리 맬런(Mary Mallon)은 무서운 살인자였다. 그런데 그녀가 사용한 살인 무기는 아이스크림이었다. 집에서 만든 맛있는 아이스크림 말이다. 아이스크림이 정말 사람을 죽일 수 있을까? 총도 아니고 폭탄도 아닌 아이스크림이?

메리는 전혀 위험해 보이지 않았다. 수줍은 성격의 메리는 40대 중반의 여성으로, 회색 머리를 단정하게 묶고 다녔다.

동그란 안경을 끼고 통통한 몸매를 가진 그녀는 요리를 잘 할 것 같은 인상이었다. 파크 가의 주방에서 그녀를 만난 조지 소퍼(George Soper) 박사는 솔직히 당황스러웠다.

이 여자는 파리 한 마리도 죽이지 못할 것 같아 보였기 때문이다.

그러나 메리의 손을 본 순간, 박사는 감을 잡았다. 커다란 두 손은 적어도 1주일은 씻지 않은 것 같았다. 더러운 정도가 아니라, 가만히 있어도 땟물이 뚝뚝 떨어질 것 같았다. 손등은 물론이고, 손마디며 손가락 등 손 전체가 때투성이였고, 손톱 밑에도 시커먼 때가 잔뜩 끼여 있었다.

"선생님, 왜 절 보자고 하셨죠?" 메리가 부드러운 목소리로 물었다. "오늘은 정말 힘들었어요. 사람들이 절 함부로 대한 데다가 딸아이가 죽었거든요. 게다가, 다른 종업원이 아픈 바람에 제 일만 늘어났지 뭐예요."

소퍼 박사는 간신히 마음을 가라앉히고, 내키지 않았지만 용건을 이야기했다. "메리 부인, 저는 부인이 위험한 전염병을 옮긴다고 생각합니다."

그러나 메리는 눈도 깜박이지 않았다. 마치 소퍼 박사가 날씨 이야기를 하고 있다는 투였다.

"무슨 말씀을 하시는지 모르겠군요." 그녀는 낮은 목소리로 말했다.

"설명해 드리죠." 소퍼 박사가 말했다. "지난 해, 부인이 롱아일랜드의 오이스터 만에서 요리사로 일할 때, 그 집안 사람 6명이 장티푸스를 앓았습니다."

"예, 그랬어요. 그들은 병에 걸렸어요. 그런데 그게 어쨌다는 거예요?" 메리의 목소리는 조금 화가 난 듯했다.

"저는 그 가족들과 대화를 나누며 그들이 무엇을 먹었는지 조사했습니다. 그런데 가족 모두가 아이스크림을 좋아했다고 하더군요. 당신이 항상 직접 손으로 만들었던 그 아이스크림 말입니다."

메리는 입을 굳게 다문 채 천천히 식탁 아래에 있는 서랍을 열었다.

"부인은 7년 동안 여덟 군데에서 일을 했더군요." 소퍼 박사의 말이 계속 이어졌다.

"7년 동안 부인이 일한 여덟 군데 모두에서 장티푸스 환자가 발생했습니다."

그 순간, 메리는 더러운 손을 더듬어 고기 써는 칼을 꽉 집었다.

"부인," 박사가 냉정하게 말했다. "전 장티푸스균이 부인의 더러운 손에서 옮겨졌다고 생각합니다."

"아아악!" 커다란 울부짖음과 함께 메리는 박사를 향해 몸을 던졌다. 그녀는 계속 소리쳤다. "이봐, 참견하기 좋아하는 의사 양반! 내가 당신을 소시지로 만들어 아침 식사로 먹어 주지. 널 죽여 버리겠어!"

소퍼 박사는 깜짝 놀라며 황급히 옆으로 몸을 피했다. 무시무시한 칼이 박사의 몸을 스치며 식탁에 꽂혔다. 박사는 고기 써는 칼을 마구 휘두르는 메리에게 쫓겨 주방 여기저기를 도망다녔다.

간신히 도망친 소퍼 박사는 뉴욕 경찰청으로 달려갔다. 자초지종을 들은 경찰은 즉각 출동하여 집 밖의 화장실에 숨어 있던 메리를 찾아 냈다. 그러나 비명을 지르며 발버둥치는 메리를 앰뷸런스에 태우기 위해서 경찰관이 7명이나 달려들어야 했다.

 몇 달 뒤, 전염병 전문 병원인 뉴욕의 리버사이드 병원 진료실에서 소퍼 박사는 안절부절못하며 앉아 있었다. 이제는 '장티푸스 메리'라는 별명으로 널리 알려진 메리 맬런과 대화를 해야 했기 때문이다.

 "장티푸스는 무서운 전염병입니다." 소퍼 박사가 말을 시작했다. "장티푸스에 걸리면 고열과 함께 발진, 위의 통증, 기침, 설사 등의 증상이 나타나지요. 부인은 그러한 증상을 경험했지요, 그렇죠?"

 "그걸 제가 왜 말해야 하나요?" 메리가 심술궂게 반문했다. 메리는 양옆에 서 있는 건장한 몸집의 두 간호사를 쳐다보았다. 그들은 메리가 조금만 문제를 일으켜도 즉각 달려들 것 같았다.

 소퍼 박사는 한숨을 쉬며 말했다. "검사 결과, 부인이 장티푸스를 앓고 있는 것으로 나타났습니다. 상태가 좀 좋아지긴 했지만, 장티푸스균이 여전히 쓸개에 붙어 있으며, 화장실에 갈 때마다 배설물을 통해 몸 밖으로 나오고 있습니다. 부인 손에도 병균이 묻어 있어서, 제대로 씻지 않으면 음식에 옮겨집니다."

 "무슨 말씀인지 모르겠어요." 메리가 투덜댔다. "전 요리사

예요. 제 일을 한 것밖에는 아무 잘못이 없다고요."

소퍼 박사는 이 구제 불능의 환자에게 두 가지 중 하나를 선택하라고 했다. 즉, 요리를 그만두든가, 아니면 섬에 있는 병원에 영원히 갇혀 지내든가.

"절 여기 붙잡아 둘 순 없어요. 도대체 무슨 권리로 나한테 이러는 거예요?" 메리가 거칠게 항의했다.

소퍼 박사는 냉정하게 머리를 흔들었다. "천만에요. 부인을 여기에 가둬 둘 수 있습니다. 법이 있으니까요. 하지만, 부인은 다른 길을 선택할 수도 있습니다. 우선 쓸개 제거 수술을 받아야 합니다. 좀 위험하지만, 병원균을 없애려면 어쩔 수 없습니다. 그런 다음에는 어디든 가도 좋습니다."

"당신을 가만두지 않을 거야!" 간호사에게 끌려가면서 메리가 소리쳤다. "쓸개든 뭐든 내 몸에 손가락 하나 대기만 해 보라구!"

그러나 3년 후, 메리는 마음이 변했다. 수술을 받기로 한 게 아니라, 요리를 하지 않기로 약속한 것이다. 그리고 소퍼 박사에게 3개월에 한 번씩 보고를 하기로 했다. 그러나 병원에서 나온 메리는 어디론가 사라져 버리고 말았다.

1915년, 뉴욕의 슬로안 여성 병원에 장티푸스가 발생해 직원 두 명이 사망하는 일이 일어났다. 어느 날 아침, 주방에서 일하던 여자 하나가 친구와 이런 대화를 나누고 있었다. "요리사 중에 브라운 부인이라는 나이 든 여자 있잖아?" 그녀가 웃으면서 말했다. "성격이 아주 괴상한데, 몇 년 전에 신문에 났던 이상한 아주머니하고 비슷해. 그러니까 뭐더라, 그래. 장티푸스 메리 말이야!"

그런데 문 옆에서 대화를 엿듣고 있던 브라운 부인은 진짜

메리였다. 그녀는 끓어오르는 분노를 참지 못해 더러운 주먹을 꽉 쥐었다.

메리는 또다시 사라졌다. 그러나 이번에는 경찰의 추적을 따돌리지 못하고 결국 붙들리고 말았다. 메리 맬런이 퍼뜨린 장티푸스균 때문에 많은 사람들이 죽어 갔다. 그녀는 어떤 처벌을 받았을까?

a) 메리 맬런은 살인죄로 처형되었다. 판사는 "메리, 당신은 살려 두기엔 너무 위험합니다"라고 말했다.

b) 메리는 소퍼 박사의 약을 먹고 의식을 잃고 있는 동안 쓸개 제거 수술을 받았다. 그래서 장티푸스균이 완전히 없어진 다음에 풀려났다.

c) 메리는 남은 일생 동안 섬에 있는 감옥에 갇혀 살았다.

> 답: c) 메리는 평생에서 감옥에서 지냈다. 그녀도 최초의 장티푸스 보균자(병균을 몸에 지니고 있으나 드러나지 않아 정상적인 생활을 하지만 미될 아래 병로도 자기도 모르게 남에게 병을 옮기는 사람)로, 미국 아이티에 잡혀 왔다. 1923년, 그녀는 그라나이섬의 사립병원에서 죽었다. 장티푸스균과 죽은 후에 마침내 자유 속에서 안식을 찾게 된 것이다. 장티푸스균을 연구하는 과학자들에에 메리는 매우 유명하다(영어로 말하는 사람들은 메리, 지금도 메리 보균자라고 부른다). 사람들은 종종 미는 그녀를 "장티푸스 메리"라고 이해하기 어려운 이름을 메리에게 붙였다. '장티푸스 키티', 혹은 '장티푸스 세라'와 같이 이름도 쓰였는지 궁금해진다.

## 싸움은 아직도 계속되고 있다……

파스퇴르의 연구는 과학자들에게 병균을 어떻게 발견하고, 그 병균과 싸울 약과 백신을 어떻게 개발할 수 있는지 보여 주었다. 오늘날 우리는 약으로 장티푸스를 치료할 수 있다. 그러나 전세계적으로 아직도 많은 전염병과의 싸움이 계속되고 있다. 예를 들면, 1970년대에는 매년 400만 명의 어린이가 콜레라로 죽었다. 1974년, 세계보건기구(WHO)의 과학자들은 콜레라 환자의 탈수 증상을 완화시키기 위해 깨끗한 물과 미네랄, 설탕으로 만든 음료수를 개발하였다. 이 간단한 음료수를 마시는 ORT(경구 수분 공급 요법)라는 치료법 덕분에 수천 명의 아이들이 살아났다.

그것이 바로 문제에 대한 답이다. 세균의 접근을 막을 수만 있다면, 우리는 행복하게 살 수 있다. 그러나 안타깝게도, 정말 나쁜 소식이 하나 있다. 세균이 하나도 없는 음식을 먹어도 병에 걸릴 수 있다는 것! 심지어 어떤 사람들은 음식 때문에 죽기까지 한다니! 여러분은 과연 다음 장을 무사히 소화시킬 수 있을까? 내키지 않아도 일단 읽어 보는 것이 좋을걸?

# 건강 만점? 맛은 빵점!

## 건강 식품의 정체

음식에는 생각보다 많은 비밀이 숨겨져 있다. 우리가 매일 먹는 식사에는 반드시 섭취해야 하는 필수 영양소가 들어 있다. 그래서 이번에는 여기에 대해 좀더 자세히 알아보기 위해 곱창맨 탐정에게 학교 주방으로 돌아가 음식 샘플을 가져다 달라고 부탁했다. 곱창맨 탐정은 그렇게 불쾌한 곳에는 다시는 갈 수 없다고 거절했지만, 약간의 아부와 뇌물을 썼더니 못 이기는 체하며 몸을 일으켰다.

## 곱창맨, 학교 주방에 가다

보호복을 입어야 했다. 나는 방독면도 필요하다고 주장했다. 음식 중에는 케케묵은 냄새가 나는 것도 있었다. 너무 오래 되어서 보기만 해도 구역질이 났다.

### 샘플 1 — 감자 요리

내가 발견한 이 감자는 반찬으로 만들기 위해 삶으려고 했던 것 같다. 불쌍한 것! 겉보기엔 싱싱해 보였다. 그 성분을 분석한 결과는 다음과 같다:

벌레*
물 81%
단백질 0.4%
탄수화물 16%(전분의 형태로 들어 있음)
지방 0.1%
섬유질 0.8%
비타민 0.7%
미네랄 1%

참고 사항
이 벌레는 학교 급식에 아무 불만이 없다고 함.

\* 벌레에도 역시 이런 영양소들이 들어 있지만, 그 양은 각각 다르다. 벌레는 이번만큼은 감자 요리에서 빠지는 서러움(?)을 겪어야 했다.

## 샘플 2 — 물

  조사할 게 별로 없었지만, 우리 몸은 하루에 2리터의 물이 필요하다는 사실을 알았다. 그 중 절반은 음식(밥이나 반찬 등)을 통해서 얻고, 나머지 절반은 마시는 물에서 얻는다. 이렇게 물을 잔뜩 섭취해야 하는 이유는 우리 몸의 3분의 2가 물로 이루어져 있기 때문이며, 특히 뇌는 80%가 물이다. 따라서, 물을 충분히 마시지 않으면, 뇌는 메마른 사막처럼 변하고 만다!

## 샘플 3 — 잼 푸딩

  이 푸딩은 설탕이 녹아서 줄줄 흐르고 있었다. 보기엔 아주 맛있어 보였지만, 실제로는 그렇지 못했다.

  과학자들은 설탕을 먹으면 몸에 필요한 에너지를 얻게 되지만, 그뿐이라고 했다. 그리고 나는 몸에서 필요한 것보다 더 많은 설탕을 먹는다고 한다. 그 말을 들으니, 내 몸 구석구석에 설탕물이 흐르는 것 같은 게 마치 내가 잼 단지가 된 듯한 기분이 들었다. 사탕을 빨고 있던 나는 그 말을 듣고 당장 사탕을 내려놓았다. 역시 내 입맛을 뚝 떨어지게 하는 사람은 과학자밖에 없다.

## ★ 요건 몰랐을걸!

맛있는 음식에는 설탕이 많이 들어 있다. 구운 콩 통조림 하나에만도 설탕 2~3찻숟가락이 들어 있다. 시리얼, 고기 통조림, 수프, 야채 통조림, 땅콩 버터, 양배추 샐러드에도 설탕이 들어 있다. 단 음식에는 더 많은 설탕이 들어 있다. 초콜릿 하나에는 자그마치 10찻숟가락이나 들어 있다고 한다. 우리는 하루에 설탕을 약 30찻숟가락이나 섭취하고 있다. 와, 그렇게나 많이!

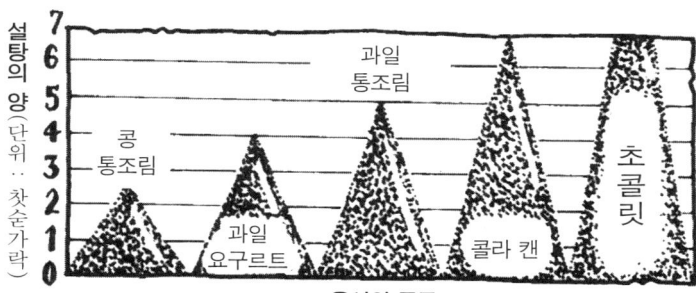

## 샘플 4 — 으깬 순무

이상하게 생긴 이 맛없는 야채에는 역시 이상하고 맛없는 영양소가 들어 있었다. 바로 녹말이라는 것으로, 감자 안에 들어 있던 탄수화물과 똑같은 성분이다. 녹말은 당류가 사슬 모양으로 결합돼 있다. 과학자들의 설명에 따르면, 우리 몸의 근육에서 효소가 당을 분해시킬 때 에너지가 발생하며, 그 에너지로 몸이 움직이는 데 필요한 에너지를 얻는다고 한다. 그건 잘 하는 일인 것 같은데, 맛은 왜 이렇게 없는 거야?

## 샘플 5 — 육류

고기는 차갑게 식어서 기름이 줄줄 흐르고, 지방이 잔뜩 끼여 있었다. 지방은 위에 들어가면 장으로 내려갈 생각을 하지 않고 위에 눌러 앉는다. 지방은 다른 어떤 음식보다 몸에 오래 머물기 때문에 포만감, 즉 배가 부른 느낌을 준다. 그렇지만 쓰고 남은 지방은 피하 지방으로 변해 배와 등 주위에 느긋하게 자리잡는다. 여러분 몸에 붙어 있는 지방으로 비누를 7개나 만들 수 있다고!

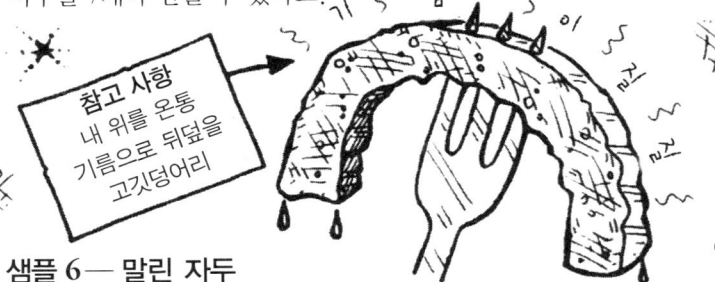

참고 사항
내 위를 온통
기름으로 뒤덮을
고깃덩어리

### 샘플 6— 말린 자두

말린 자두라……. 맛도 별로고 촉감도 이상해서 나는 말린 자두를 좋아하지 않는다. 그렇지만 자두에는 섬유질이 풍부하다고 한다. 그러니까 과일이나 야채에서 잘 씹히지 않는 성분 말이다. 섬유질은 우리 몸에서 소화가 되지 않지만, 대신 소화된 다른 음식물이 장에서 잘 이동하도록 도와 준다. 이러한 섬유질은 다른 음식물보다 창자벽에 잘 들러붙기 때문에 창자 내에서 음식물이 쉽게 이동할 수 있는 거지! 음식물은 그렇게 계속 이동하다가…… 결국에는 변기로 떨어진다!

### 샘플 7— 고린내 나는 치즈

참고 사항
정말 다행이다!
내 양말에서 나는
냄새가 아니었다!

내가 만난 아이들 중에는 치즈를 무엇으로 만드는지에 대해 좀 엉뚱한 생각을 갖고 있는 아이도 있었다. 그렇지만 내가 이 곳에 온 이유는 치즈의 과거를 밝히기 위한 것이 아니라, 치즈의

현재 정체를 파헤치기 위한 것이다. 조사 결과, 치즈는 25%가 단백질로 이루어져 있었다. 단백질은 우리 몸의 근육을 이루는 성분이다. 우리 몸의 20%가 단백질이긴 하지만, 매일 단백질을 많이 섭취해야 하는 것은 아니다. 12세 어린이라면 하루에 55 g만 섭취하면 된다. 그런데 이것은 어른이 섭취해야 하는 양과 거의 같다. 몸이 자라는 데 단백질이 많이 필요하기 때문이다. 단백질은 치즈 외에도 우유, 생선, 고기, 콩, 땅콩 등에 많이 들어 있다.

참고 사항
단백질이 많이 들어 있는 식품을 몇 가지 추천함

## 샘플 8 — 신비로운 소금

이 때, 괴상한 식품이 내 눈에 띄었다. 차가운 땀 방울이 내 얼굴을 타고 흘러내려왔던 것. 핥아 봤더니, 소금 맛이 났다! 여러분도 맛을 보면 땀이 짜다는 걸 알게 될 것이다. 땀에는 염분이 들어 있기 때문이다. 소금은 살균 작용을 한다. 그리고 조사 결과, 소금을 왕창 넣으면 학교 급식의 끔찍한 맛을 가릴 수 있다는 사실도 발견했다. 소금의 용도는 무려 14,000여 가지나 되지만, 보고서를 여기서 마쳐야 하는 관계로 자세한 내용을 밝힐 수 없다.

소금은 우리 몸 속에서 일어나는 많은 화학 반응에 꼭 필요하다. 땀을 흘리는 것은 몸 속에 있는 여분의 소금을 몸 밖으로 배출하는 한 가지 방법이다. 그런데 우리가 섭취해야 할 미네랄 성분은 소금뿐만이 아니다.

## 신비의 미네랄

학교 급식에는 신비한 미네랄 성분이 많이 들어 있었다. 미네랄은 아주 적은 양만 필요하지만, 우리의 몸과 유용한 화학 물질을 만드는 데 필수적인 물질이다.

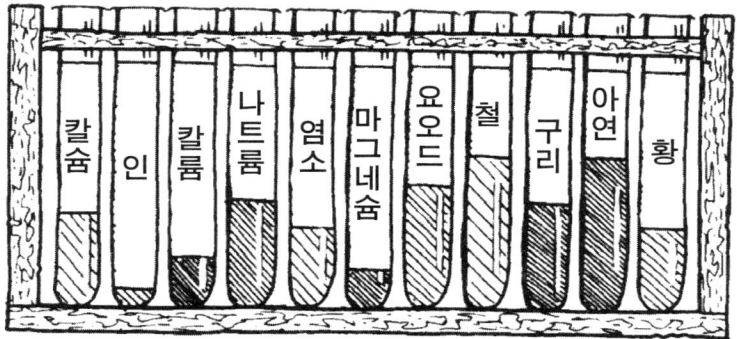

여러분은 학교 급식에 괴상한 화학 물질이 이렇게 많이 들어 있다는 사실에 놀랄 것이다. 전혀 놀라지 않았다고? 그렇더라도 여러분의 선생님은 필시 깜짝 놀랐을걸.

## 선생님을 곯려 주는 질문

몇 가지 질문을 던져 과학 선생님이나 영양사 선생님을 골치 아프게 해 보자.

**1.** 황은 이상한 맛이 나는 화학 물질로, 우리 몸의 0.25%를 차지하고 있다. 이것은 구체적으로 어느 정도의 양일까?
**a)** 개 한 마리에 붙어 있는 벼룩을 모두 죽일 수 있을 정도
**b)** 코끼리 한 마리에 붙어 있는 벼룩을 모두 죽일 수 있을 정도
**c)** 쥐 한 마리에 붙어 있는 벼룩을 모두 죽일 수 있을 정도
**2.** 철은 우리 몸에 꼭 필요한 성분이다. 피가 선홍색을 띠는 것도 철 때문. 철을 충분히 먹지 않으면 어떻게 될까?
**a)** 피가 노란색으로 변한다.

**b)** 몸에 반점이 나타나고, 열이 난다.

**c)** 창백해지고 피곤해지며, 식욕이 없어진다.

**3.** 우리 몸의 0.004%는 철(다행히도 절대로 녹슬지는 않음)이다. 이것은 구체적으로 어느 정도의 양일까?

**a)** 핀 머리를 만들 수 있을 정도

**b)** 5 cm짜리 못을 만들 수 있을 정도

**c)** 팔뼈만한 쇳조각을 만들 수 있을 정도

**4.** 칼슘은 뼈를 만드는 데 꼭 필요한 물질로, 12세의 어린이는 하루에 700 mg의 칼슘이 필요하다. 얼마나 먹어야 할까?

**a)** 시금치 4접시

**b)** 시금치 40접시(웩!)

**c)** 시금치에는 칼슘이 없다.

**5.** 요오드가 많이 들어 있는 음식은?

**a)** 빗물   **b)** 달팽이   **c)** 미역

> 답:
> **1. a)** 물론 여러분의 개에 벼룩이 있을 때에만! **경고**: 황을 너무 많이 먹지 말 것. 너무 많이 먹을 경우, 팔짝팔짝 뛰는 것은 벼룩뿐만이 아니라는 걸 알게 될 것이다.
> **2. c)** 피에서 빨간색 부분은 우리 몸에 필수적인 산소를 온몸에 전달해 주는 성분이다. 철이 부족하면 빈혈이 일어난다. 먹는 것이 부실하면 빈혈이 더욱 심해진다.
> **3. b)** 그렇다고 녹슨 못을 빨지는 말 것. 절대로! 철을 섭취하려면 간, 통밀빵, 말린 과일, 당밀을 먹는 게 훨씬 좋다.
> **4. a)** 그리고 우유 3컵, 빵 16조각, 치즈 85 g에도 같은 양의 칼슘이 들어 있으므로, 원하는 걸 먹으면 된다.
> **5. c)** 요오드는 미네랄 중에서도 가장 놀라운 성분이다. 자, 그러면 그 이유를 알아볼까……

## 요오드와 갑상선종

우리는 하루에 0.004 g의 요오드만 섭취하면 된다. 요오드를 적당량 섭취하지 못하면 목이 아프다. 왜 그럴까?

요오드는 바닷물에 들어 있는 미네랄 성분이다. 그래서 미역과 같은 해초에 많이 함유돼 있다. 바다가 물보라를 일으키며 요오드를 육지로 날려 보내면, 그것이 식물에 흡수된다.

우리가 요오드가 든 식물을 먹으면, 목에 있는 갑상선에서 요오드를 이용하여 티록신(thyroxine)이라는 호르몬을 만든다. 티록신은 몸을 자라게 하고, 섭취한 음식을 빨리 사용할 수 있게 해 주는 물질이다.

그런데 요오드를 충분히 섭취하지 않으면, 갑상선이 핏속에 들어 있는 요오드를 마지막 한 방울까지 빨아들이기 위해 부어 오르게 된다. 이렇게 갑상선이 보기 싫은 모양의 덩어리로 부어 오른 것을 갑상선종(甲狀腺腫)이라 부른다.

1800년대에 바다에서 멀리 떨어진 미국 중서부 지역을 '갑상선종 지대'라고 불렀는데, 이 지역에 사는 많은 사람들이 요오드 결핍으로 갑상선종을 앓았기 때문이다.

요오드는 미역이나 생선 같은 해산물에 많이 들어 있다.

## 나도 과학자가 될 수 있을까?

다음 실험은 대학에서 흔히 하는 것으로, 티록신의 효과를 알아보기 위한 것이다. 먼저 황소개구리의 올챙이 한 마리를 준비한다. 이 올챙이는 황소개구리가 되려면 2년쯤 걸린다. 올챙이에게 티록신 한 방울을 먹인다. 어떤 일이 일어날까?

**a)** 올챙이가 개구리로 변한다.
**b)** 올챙이의 몸이 커진다.
**c)** 올챙이에게 갑상선종이 생긴다.

> 답 : a) 별 시간 지나면, 올챙이는 몸통보다 작은 개구리가 된다. 그때 몸통이 다 녹아버리고 다리가 개발된다. (콜롬 2권의 몸체 하는 이야기편) 그리고 기간이 더 용품이 곧 녹는들 때 갑상선종이 생기기도 한다.

## 꼭 필요한 비타민

비타민도 우리 몸에 없어서는 안 되는 영양소로, 우리 몸의 건강을 유지하는 데 꼭 필요하다. 그래서 약국에서는 비타민을 보충할 수 있는 수많은 종류의 약을 팔고 있다. 그리고 비타민 약 광고를 도처에서 볼 수 있다.

# 비타민 A

### 당근이지 칵테일

**비타민을 마시자!** 획기적인 비타민 드링크 하루 한 병이면 병원은 영원히 바이바이!!

얼굴에 부스럼이 많으세요? 비듬 때문에 고민이세요? 밤이 되면 앞이 잘 보이지 않는다고요? 저런, 비타민 A가 부족한가 보군요.
당장 '비타민 A 당근이지 칵테일'을 마셔 보세요. 한 모금만 마시면 캄캄한 석탄 창고 속에 숨어 있는 고양이가 바로 눈앞에 보일 것입니다! 비타민 A는 눈 뒤에 있는 시홍(視紅)이라는 화학 물질을 보충해 주기 때문에 어두운 곳에서도 앞을 잘 보게 해 줍니다.

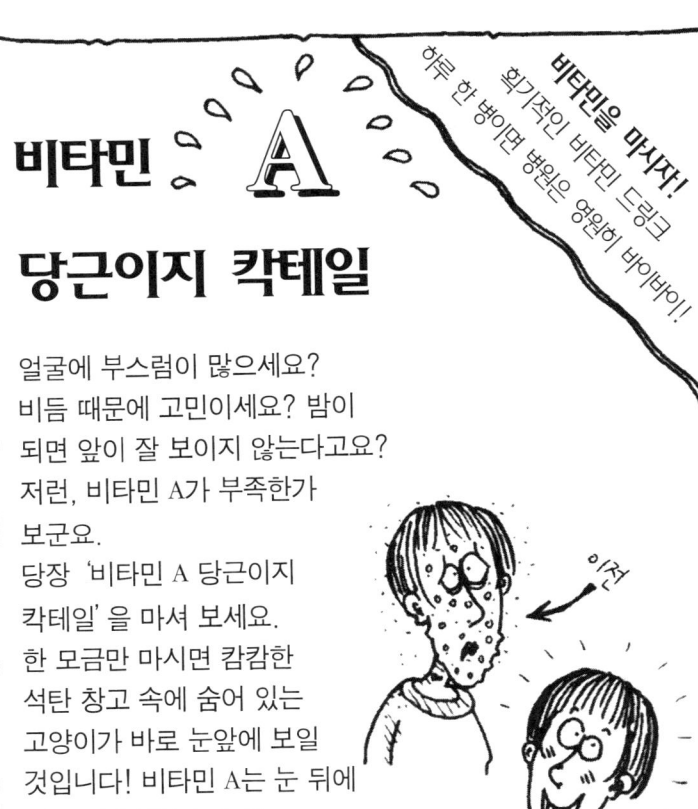

**주의 사항**
몸에 좋은 것도 많이 먹으면 탈이 나는 법. 당근이지 칵테일을 너무 많이 마시면 머리카락이 빠지고, 심지어는 죽을 수도 있음. 비타민 A가 풍부한 북극곰의 간을 먹으면 죽을 수 있다는 것도 바로 이 때문.

함유 식품 : 간 추출액, 우유, 버터, 달걀, 생선, 당근*

* 당근을 먹으면 어두운 곳에서 잘 볼 수 있다고 어른들이 말하는 것은 바로 이 때문.

# 비타민 B
# 기운 팔팔 드링크

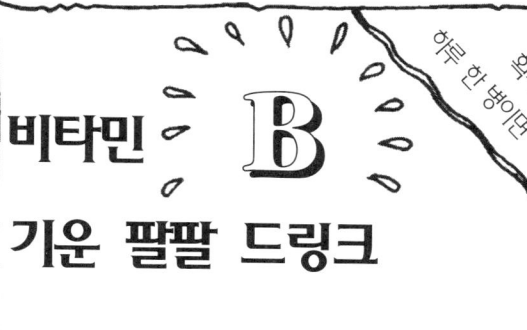

비타민을 마시자!
하루 한 병이면 활기적인 비타민 드링크 한 병이면 영원히 바이바이!!

피곤하고 몸이 축 처진다고요?
'비타민 B 기운 팔팔 드링크'를 마셔 보세요.
$B_1$부터 $B_{10}$까지 모두 들어 있답니다.

이전 / 이후

한 모금만 마셔 보세요! 기운이 펄펄 넘쳐 흐르는 것이 느껴질 것입니다. 음식을 에너지로 바꾸어 주는 비타민 B가 듬뿍 들어 있기 때문이죠. 신경과 피도 튼튼해집니다.

**주의 사항**
비타민 $B_2$가 부족한 쥐는 털이 희끗희끗해짐. 그러나 사람은 나이가 들면 어쩔 수 없이 그렇게 됨. 여기엔 기운 팔팔 드링크도 소용이 없음.

함유 식품 : 통밀빵, 효모, 우유, 호두, 신선한 야채의 추출액

# 비타민 D
## 햇볕 쨍쨍 드링크

**비타민을 마시자!**
하루 한 병이면 비타민 드링크
획기적인 비타민 드링크
병원은 영원히 바이바이!

▶ 손톱이 갑자기 부러진다고요?
▶ 매일매일 비타민 D를 충분히 섭취하시나요?
▶ '비타민 D 햇볕 쨍쨍 드링크' 한 모금이면 아주 멋진 손톱을 갖게 될 것입니다.

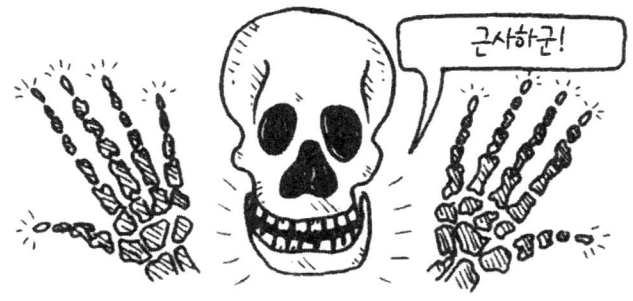

근사하군!

튼튼해진 여러분의 손톱과 단단한 뼈, 반짝이는 이를 모든 친구들이 부러워할 것입니다.

함유 식품 : 대구 간유, 우유, 치즈*

* 우리 피부도 햇빛을 받으면 비타민 D를 만들 수 있습니다.

### 주의 사항
맛있다고 해서 햇볕 쨍쨍 드링크를 너무 많이 마시진 말 것. 비타민 D를 과다 섭취하면 메스꺼움과 함께 변비가 생김.

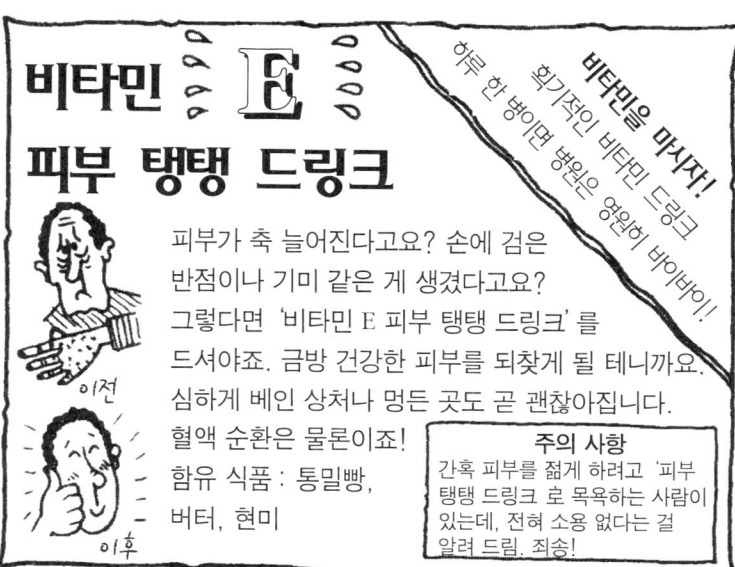

자, 이제 알겠지? 비타민이 부족하면 아프게 된다는 걸. 의사들은 오랜 연구 끝에 어떤 식품에 어떤 비타민이 많이 들어 있는지 알게 되었다. 다음은 비타민 결핍증 중에서 가장 무섭다는 괴혈병의 정체를 밝혀 낸 사람의 이야기이다.

## 바다의 공포 — 괴혈병

숨쉴 때 악취가 나고, 잇몸이 부어 오르고, 멍이 잘 들고, 상처가 잘 낫지 않고, 눈이 충혈되고, 피곤을 호소하다가 결국 죽고 마는 병이 있다. 이것이 바로 괴혈병의 증상이다. 수백 년 전, 항구에서는 이런 선원을 쉽게 볼 수 있었는데, 그들은 모두 이가 빠지고 없었다.

왜 유독 선원들이 괴혈병을 많이 앓았을까? 18세기와 19세기 초에 선원들은 험한 바다와도 싸워야 했지만, 힘든 선상 생활도 견뎌 내야 했다. 선상 생활은 무척 힘들었지만, 그 중에서도 괴혈병은 가장 무서운 바다의 공포였다. 선원들은 난파나 해적 또는 상어의 공격보다 괴혈병을 더 무서워했다. 그러나 괴혈병이 왜 생기는지는 오랫동안 아무도 몰랐다.

그런데 어떤 선장들은 그 원인을 안다고 생각했다.

그리고 선장들은 각자 나름의 치료법을 사용했다.

제임스 린드(James Lind; 1716~1794) 박사는 이런 방법들이 모두 소용 없다고 생각했다. 그러나 그것을 증명할 방법이 없었다. 린드 박사는 배에서 먹는 음식에 문제가 있다고 생각하고 조사에 착수했다. 그 당시에는 냉장고나 냉동고가 없었기 때문에 항해 중에 음식을 신선하게 보관하는 것은 불가능했다. 그러면 그 당시의 음식을 한번 볼까?

1. 딱딱한 비스킷*과 구더기
2. 오랫동안 청소 안 한 화장실 같은 냄새가 나는 물
3. 상한 치즈와 치즈보다 더 많은 구더기
4. 너무 짠 베이컨**
5. 이상한 냄새가 나는 버터

\* 마른 비스킷으로 아주 딱딱하며, 런던 박물관에는 200년 된 비스킷 표본이 있다. 먹기 전에 구더기를 털기 위해 비스킷을 톡톡 두드려야 했다.
\*\* 너무 짜서 먹고 나면 아무리 물을 마셔도 계속 갈증이 난다.

    이들 식품 가운데 괴혈병을 일으키는 것은 과연 어떤 것일까? 아니면, 이렇게 끔찍한 음식만 먹고 살다 보니 뭔가 중요한 영양소가 부족해서 병이 생기는 걸까? 즉, 무엇인가 제대로 먹지 못하는 것 때문에 병이 날 수도 있었다. 그러면 여기서 린드 박사가 자신의 연구 결과를 보고서에 어떻게 썼을지 한번 상상해 보자.

> 다음은 제임스 린드 박사의 연구 보고서를 저자가 창의력과 상상력을 발휘하여 재미있게 꾸민 것임.

## HMS 솔즈베리 호. 1747년 영국 해협 어딘가에서

정말 큰일이다. 선원 12명이 괴혈병을 앓고 있다. 내 생각에는 그들이 먹는 식사에 뭔가 부족한 것이 있어서 그런 것 같은데, 그게 도대체 뭔지 모르겠다. 그들이 죽는 걸 그냥 두고 볼 수는 없다. 난 의사니까 뭔가 해야 한다. 우선 몇 가지 실험을 해 봐야겠다. 나는 늘 과학자가 되고 싶어했지. 먼저, 선원을 여러 집단으로 나눈 다음, 각 집단에 다른 의사들이 추천하는 치료법을 써 보기로 했다. 그 중에서 한 가지라도 효과가 있어야 할 텐데! 그럼, 실험 시작!

빛나리와 왕눈이에게는 매일 황산을 몇 방울씩 주기로 했다 (주의: 황산은 장을 녹일 수 있으므로 많이 주면 안 된다).

오이지와 애꾸눈에게는 매일 식초를 두 숟가락씩 주기로 했다.

불독과 촐랑이에게는 바닷물을 한 컵씩 줄 것이다.

그리고 꼬마와 산타에게는 마늘과 고추냉이를 함께 넣고 찧은 것을 주기로 하자.

길쭉이와 심술이에게는 사과술 한 주전자씩, 그리고 남장을 하고 있는 두 명의 여자 선원 억척이와 이쁜이에게는 오렌지 두 개와 레몬 한 개씩을 주기로 했다.

## 14일 뒤

억척이와 이쁜이가 나았다! 난 정말 똑똑해(다른 사람들한텐 좀 미안하지만)! 둘은 6일째 되는 날, 자리에서 일어나더니 배 여기저기를 뛰어다니기 시작했다. 신맛이 나는 과일이라면 이제 지긋지긋하다고 했지만, 어쨌든 좋아 보였다. 그래서 억척이와 이쁜이는 이제 나를 도와, 아직도 앓고 있는 다른 열 명의 선원을 돌봐 주었다.

1. 불쌍한 빛나리와 왕눈이는 여전히 아팠다. 난 두 사람에게 좀 미안했다. 둘은 여전히 괴혈병으로 고생하고 있었으며, 복통까지 앓고 있었다. 황산 때문인 것 같았다.

2. 오이지와 애꾸눈은 식초를 많이 마셔서 그런지 초췌해 보였다. 그리고 괴혈병은 그대로였다.

3. 가엾은 불독과 촐랑이는 계속 토한다. 바닷물을 마셔서 그런 것 같다. 그리고 여전히 괴혈병을 앓고 있다.

4. 사람들이 모두 꼬마와 산타를 피하고 있다. 입에서 마늘 냄새가 날 뿐만 아니라, 계속해서 방귀를 뀌어 대기 때문이다. 욱! 역겨운 고추냉이 냄새! 괴혈병은 나아질 기미가 전혀 안 보인다.

5. 길쭉이와 심술이는 여전히 괴혈병으로 고생하고 있지만, 최소한 기분은 좋아 보였다. '산타루치아'를 부르며 '건배'를 외쳐 댔다. 다른 선원들도 이 방법을 쓰게 해 달라고 조르는 통에 혼났다.

### 결론

용감한 선원들이 오랫동안 괴로움을 참아 준 덕분에 마침내 괴혈병의 비밀을 풀었다! 나는 신선한 과일을 먹으면 괴혈병이 낫는다는 확신을 얻었다. 그렇다! 이게 바로 문제의 답이다. 음식 중에 뭔가 부족하면 병이 난다는 내 생각이 맞았다. 이렇게 기분 좋을 수가! 어서 사람들한테 말해 주고 싶다!

린드 박사는 보고서를 영국 해군 총사령관인 앤슨(Anson) 제독에게 보냈다. 제독은 당연히 자신의 발견을 지지해 줄 것으로 생각했던 것이다. 앤슨 제독은 1740년부터 1744년까지 전세계를 항해하는 동안 많은 선원을 괴혈병으로 잃은 바 있었다. 여러분 생각에는 어떤 일이 일어났을 것 같은가?

**a)** 앤슨 제독은 보고서에 감명을 받아 린드에게 2만 파운드의 상금을 주었으며, 모든 선원에게 매일 레몬을 하나씩 먹으라는 명령을 내렸다. 그래서 다시는 괴혈병을 앓는 선원이 나오지 않았다.

**b)** 영국 해군은 린드의 말을 무시했으며, 40년이 지난 다음에야 필요한 조치를 취했다.

**c)** 해군은 황산 치료법이 더 효과가 좋다고 생각했으며, 린드 박사를 문제나 일으키는 사람으로 간주하여 자리에서 쫓아내고 말았다.

> 답: **b)** 물론 완전히 옳은 이야기다. 사실 해군 군의관 는 수많은 사람이 괴혈병으로 사망한 대신 신선한 채소를 먹였을 때 결과가 훨씬 더 좋았다고 생각했지만, 처음에는 괴혈병을 앓는 사람을 치료할 생각은 하지 않았다. 다른 해군의 수많은 선원들을 잃고 나서야 비로소 해군 당국은 레몬을 대량으로 사들이고 뱃사람들의 괴혈병 예방을 하기 시작했다. 그러나 영국의 군의관(비타민)이라는 이름으로 더 한층 알려지게 된 물질 장군이 아스코르브산(비타민)이라는 이름으로 더 한층 알려지게 된 물질을 비타민 C라고 분리해 낸 것은 1930년대에 들어와서였다.

## 못 말리는 식사

그러니까 여러 가지 음식을 골고루 먹어야 우리 몸을 건강하게 만들 수 있다는 말이다. 그렇다면 고기나 생선을 안 먹는 채식주의자는 어떻게 하느냐고? 또, 우유나 달걀 같은 동물성 음식마저도 먹지 않는 극단적인 채식주의자는? 필수적인 비타민과 미네랄을 섭취할 수 있는 한 큰 지장은 없다.

그러나 몇 가지 식품만 먹어서는 필요한 영양소를 다 섭취할 수 없다. 가장 나쁜 것은 아무것도 안 먹는 것이다. 음식은 몸에 좋은 것이며, 굶는 것은 몸에 나쁘다. 놀랐지? 과학자들의 연구에 따르면, 아침을 굶는 아이들은 학교에서 새로운 것을 배우는 능력이 떨어진다고 한다. 그러니까 아침은 꼭 챙겨 먹도록 하자. 굶으면 어떻게 되는지 보여 줄까?

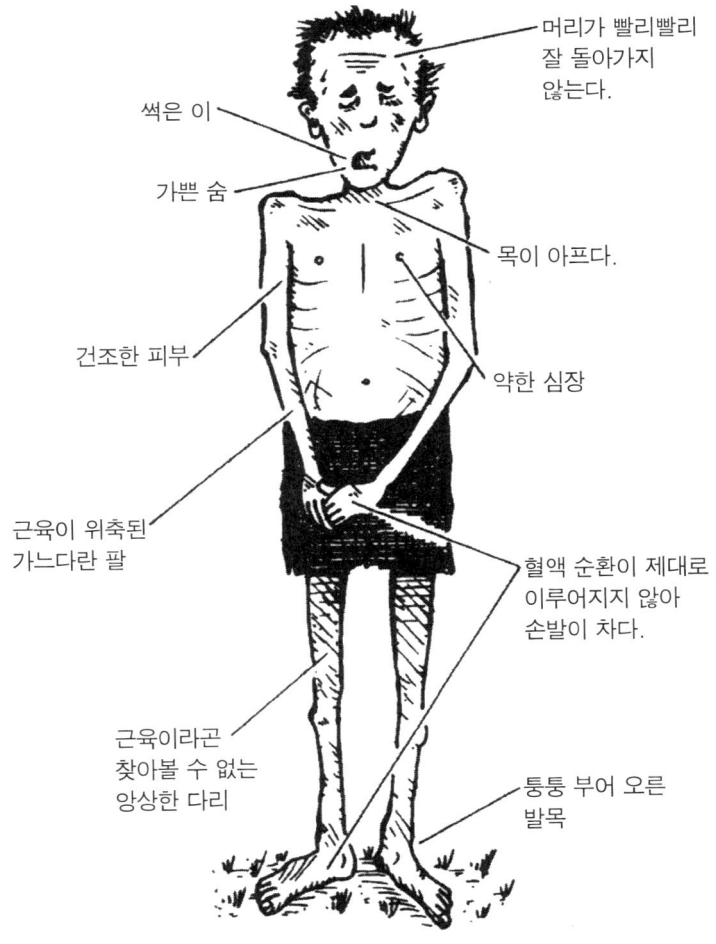

정말 끔찍하지? 참, 그러고 보니 옛날엔 버릇 없는 아이들을 혼낼 때, 밥을 굶기곤 했다.

★ 요건 몰랐을걸!

**1.** 요즘 뚱뚱한 사람들 중에는 밥을 굶어 가면서까지 살을 빼려는 사람들이 있다. 그러나 그렇게 하면 건강만 나빠지고, 살은 별로 빠지지 않는다고 한다. 한편, 지금도 전세계에서 약 7억 5000만 명이 먹을 것이 없어 굶주리고 있다. 이들의 소원은 체중을 줄이는 게 아니라, 늘리는 것이라고.

**2.** 음식 알레르기가 무엇인지 아는지? 이것은 다른 사람에게는 전혀 해가 되지 않는 어떤 음식을 먹을 때, 몸에서 불쾌한 반응(메스꺼움이나 가려움증, 두드러기 등)이 일어나는 것을 말한다. 그렇다면 어떤 음식이 알레르기를 일으킬까? 그걸 알아보려면 삶은 고기, 과일 통조림, 감자 그리고 맹물만 먹어야 한다. 좀 힘들긴 하겠지만, 2주일 후 도저히 지겨워서 참을 수 없을 정도가 되면, 매주 새로운 음식을 한 가지씩 먹어 본다. 그러다 보면 어떤 음식이 알레르기를 일으키는지 알 수 있다. 속이 메스꺼워지거나 여기저기가 가려워지는 현상이 나타나게 하는 음식이 바로 범인.

다행히도, 여러분은 어떤 음식이라도 먹어 치울 수 있는 완벽한 장비를 갖추고 있다. 다음 장에서는 꼭꼭 씹어야 하는 것들에 대해 알아보자.

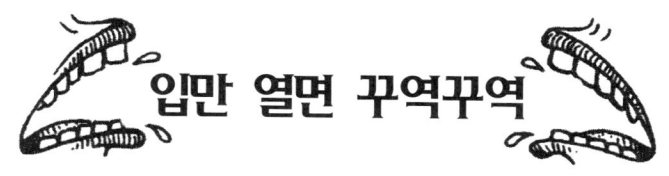

# 입만 열면 꾸역꾸역

입 속 가득히 음식을 집어넣고 먹다 보면, 이상한 일이 일어나는 걸 알 수 있다. 질긴 고기와 딱딱한 당근도 모두 잘게 부수어져 끈적끈적한 국물처럼 된 다음에 목으로 넘어가는 것이다. 도대체 무슨 일이 일어난 것일까? 그 비밀을 알려면 입 속을 들여다보아야 한다.

### 직접 해 보는 실험 : 입 속에는 어떤 것들이 있을까?

거울 앞에 서서 입을 크게 벌리고, 자세히 들여다보라. 겁먹지 마라. 머리를 바짝 갖다 대도 물지는 않을 테니까. 어떤 것이 보이는가? 환상적인 씹는 기계가 보이지?

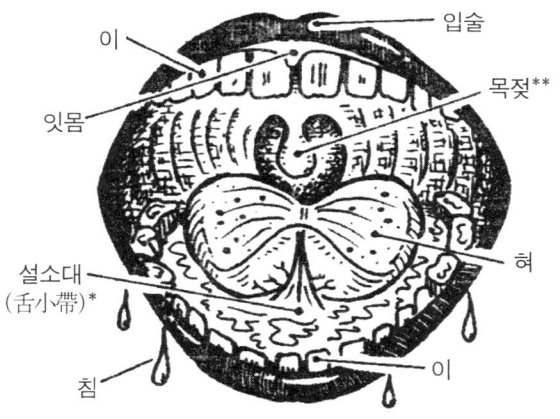

\* 이게 없으면 혀에 피가 공급되지 않는다. 설소대에 있는 혈관도 보이지? 그래, 그거야! 어때, 정말 예쁘지 않아?

\*\* 목구멍에 매달려 있는 것으로, 이것이 왜 여기 매달려 있는지는 아무도 모른다. 음식 삼키는 걸 돕기 위해서 있는 것 같긴 하다. 목젖은 영어로 유뷸러(uvula)라고 하는데, '작은 포도' 라는 뜻의 라틴 어에서 온 말이라고 한다. 그러고 보니, 정말 포도처럼 생겼지?

## 유들유들 혀

혀는 근육으로만 이루어져 있다. 거울을 통해서 혀를 자세히 들여다보라. 혀는 우리가 눈으로 직접 볼 수 있는 소화 기관이니까. 그렇다고 부모님이나 선생님 앞에서 불쑥불쑥 내밀다가는 큰일난다. 혀의 능력은 정말 놀라워서, 먹거나 말하는 동안 아주 민첩하게 움직인다. 물론 먹으면서 말할 때에도 마찬가지고!

## 잔상 조사 X-파일 : 맛

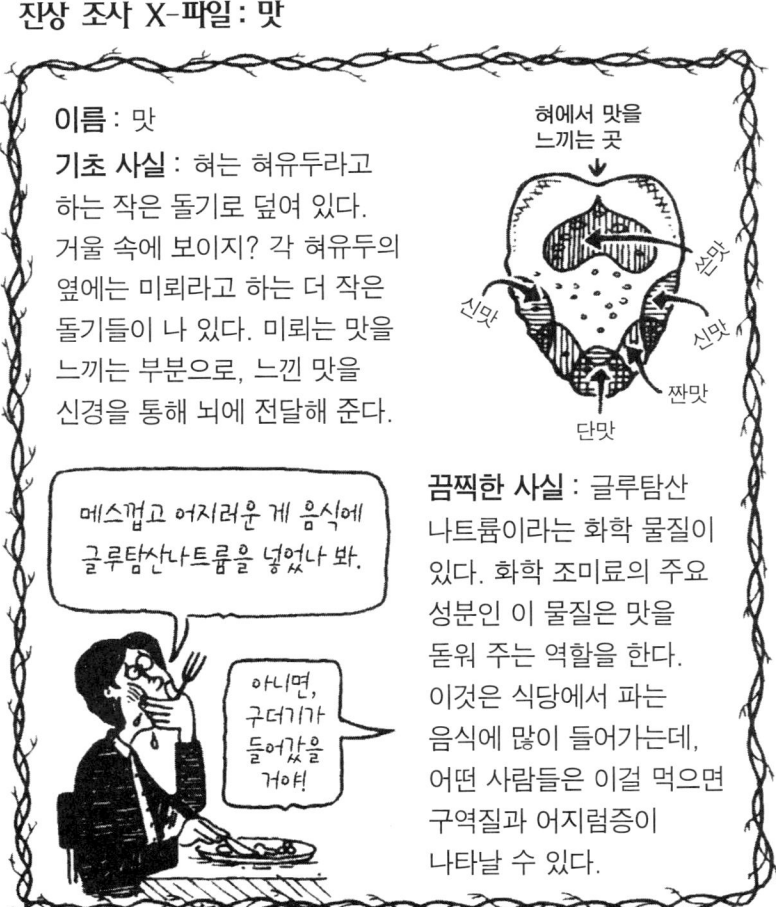

**이름** : 맛

**기초 사실** : 혀는 혀유두라고 하는 작은 돌기로 덮여 있다. 거울 속에 보이지? 각 혀유두의 옆에는 미뢰라고 하는 더 작은 돌기들이 나 있다. 미뢰는 맛을 느끼는 부분으로, 느낀 맛을 신경을 통해 뇌에 전달해 준다.

**끔찍한 사실** : 글루탐산나트륨이라는 화학 물질이 있다. 화학 조미료의 주요 성분인 이 물질은 맛을 돋워 주는 역할을 한다. 이것은 식당에서 파는 음식에 많이 들어가는데, 어떤 사람들은 이걸 먹으면 구역질과 어지럼증이 나타날 수 있다.

## 밥맛 떨어지게 하는 사실들

**1.** 중국 사람들은 맛이 세 가지밖에 없다고 말한다. 매운 맛 ＝ 눈물이 날 정도로 매운 카레 양념 맛. 양파 또는 마늘 맛 ＝ 친구를 멀리하고 싶을 때 효과 만점. 훌륭한 맛 ＝ 밭에서 갓 따 온 신선한 야채 맛.

**2.** 그렇다면 과학자들의 생각은? 과학자들은 사람이 느낄 수 있는 맛은 단맛, 신맛, 짠맛, 쓴맛의 네 가지뿐이라고 말한다.

**3.** 그러나 우리의 혀는 여러 가지 맛이 섞인 수백 가지의 맛을 느낄 수 있다. 감자칩을 예로 들자면, 초콜릿 맛, 딸기 맛, 고슴도치 맛* 등 70가지 이상의 맛이 난다(이것은 사실이다. 이렇게 괴상한 맛의 감자칩을 만들다니, 정말 대단한 사람들이지?).

\* 환경 보호 단체에 전화하기 전에 잠깐! 고슴도치 맛 감자칩은 진짜 고슴도치로 만든 것이 아니다. 순전히 사람이 인공적으로 만든 맛이라니까!

**4.** 사람들 중에는 미뢰가 유난히 민감한 사람이 있다. 치즈 전문가는 치즈 맛만 보고도 그게 어디서 만들어졌는지, 뜨거운 우유를 사용했는지, 심지어는 소에서 언제 우유를 짰는지 정확하게 알 수 있다고 한다. 만약 틀리면? 그 날로 모가지지 뭐.

**5.** 병원에 가면 혀를 내밀어 보라고 한다. 그것은 혀를 보고서 여러분의 몸 상태를 대충 알 수 있기 때문이다. 예를 들어, 혓

바닥이 하얀 찌끼 같은 걸로 덮여 있다면 아구창(진균류가 기생하여 생기는 병으로, 입 안의 점막이나 혀 등에 하얀 반점이 생긴다)에 감염되었을 확률이 높다.

**6.** 고대 중국의 의사들도 혀를 자세히 들여다봤다. 그들은 혀를 보면 다른 부분이 건강한지 아닌지 알 수 있다고 믿었다. 그들의 비결을 몇 가지 소개하면……

**a)** 혀의 색깔이 희다 = 기가 허하다

**b)** 선홍색 혀 = 몸에 열이 너무 많다

**c)** 자주색이나 푸른색의 혀 또는 자주색 반점 = 피가 도는 속도가 너무 느리다

**d)** 털 같은 게 혀에서 자란다* = 1주일 안에 죽는다

＊ 이건 정말 몸이 안 좋다는 신호이다. 여기서 말하는 '털'은 곰팡이의 일종으로, 다른 질병 때문에 우리 몸을 지키는 백혈구가 약해졌을 때 생긴다.

이번에는 아주 맛있는 실험 두 가지를 해 보자.

## 직접 해 보는 실험 1 : 자신의 미각을 시험해 보자

준비물 :

깍둑썰기로 자른 생감자 두 조각
깍둑썰기로 자른 사과 두 조각

실험 방법 :

**1.** 눈을 감고 코를 막는다. 다른 사람에게 준비한 먹을 것 중 하나를 달라고 부탁한다.

**2.** 그것을 입에 넣고, 무엇을 먹는지 알아맞혀 본다. 그런 다음, 다른 것도 마찬가지로 시험해 본다.

**3.** 이번에는 코를 쥔 손을 놓고 **2**번을 반복한다. 어떤 사실을

알 수 있는가?
**a)** 코를 막았을 때, 맛을 알아맞히기가 쉬웠다.
**b)** 코를 막았을 때, 맛을 알기가 어려웠다.
**c)** 코를 막았을 때, 음식이 더 달게 느껴졌다.

## 직접 해 보는 실험 2: 미각을 변화시킬 수 있을까?

준비물 : 좋아하는 과일 맛 사탕이나 껌, 아주 맛이 강한 박하 사탕 2개 또는 혹은 얼음 조각 1개. 얼음은 냉장고에서 꺼내 물에 잠깐 넣어 둔다.

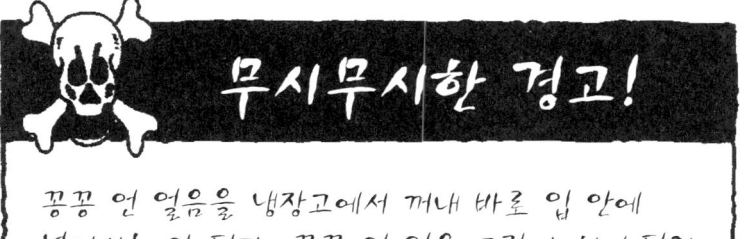

꽁꽁 언 얼음을 냉장고에서 꺼내 바로 입 안에 넣어서는 안 된다. 꽁꽁 언 얼음 조각이 혀에 달라 붙어 혀 표면을 얼려 버리기 때문에 엄청 아프다!

실험 방법 :
**1.** 박하 사탕 또는 얼음 조각을 입에 넣고, 녹을 때까지 기다린다.
**2.** 과일 맛 사탕이나 껌을 입에 넣는다. 어떤 사실을 알 수 있는가?
**a)** 맛을 잘 느낄 수 없다.
**b)** 과일 맛이 두 배로 느껴진다.
**c)** 껌이나 사탕을 입에서 꺼내면 검게 변한다.

> 답:
> **1. b)** 후각이 미각보다 훨씬 강하기 때문. 아주 맛있는 음식을 먹을 때 입으로 맛을 느낀다고 생각하지만, 사실은 냄새가 그런 느낌을 준다. 지독한 감기에 걸렸을 때, 음식이 종이를 씹는 것처럼 맛이 없는 것도 이 때문.
> **2. a)** 얼음은 혀의 감각을 마비시켜 맛을 제대로 느끼지 못하게 한다. 또, 박하의 강한 냄새는 새로 들어오는 맛에 대한 정보가 혀에서 뇌로 전달되지 못하도록 방해한다. 그래서 새로운 사탕이나 껌에 대한 정보를 뇌가 알 수 없다. 그러면 여러분도 새로운 맛을 느낄 수가 없다. 실험이 끝난 후, 양치질하는 걸 잊지 말도록!

## 진상 조사 X-파일: 이

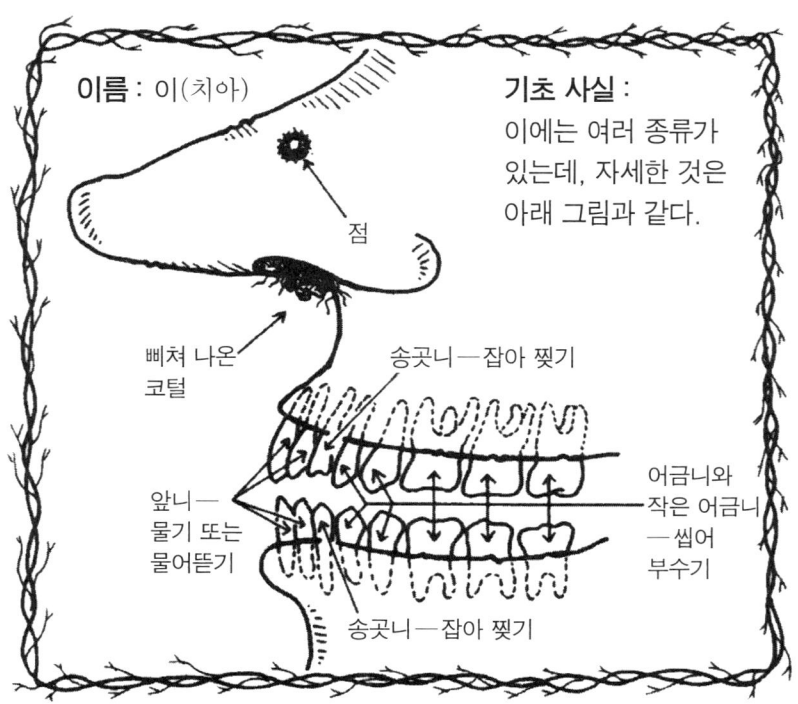

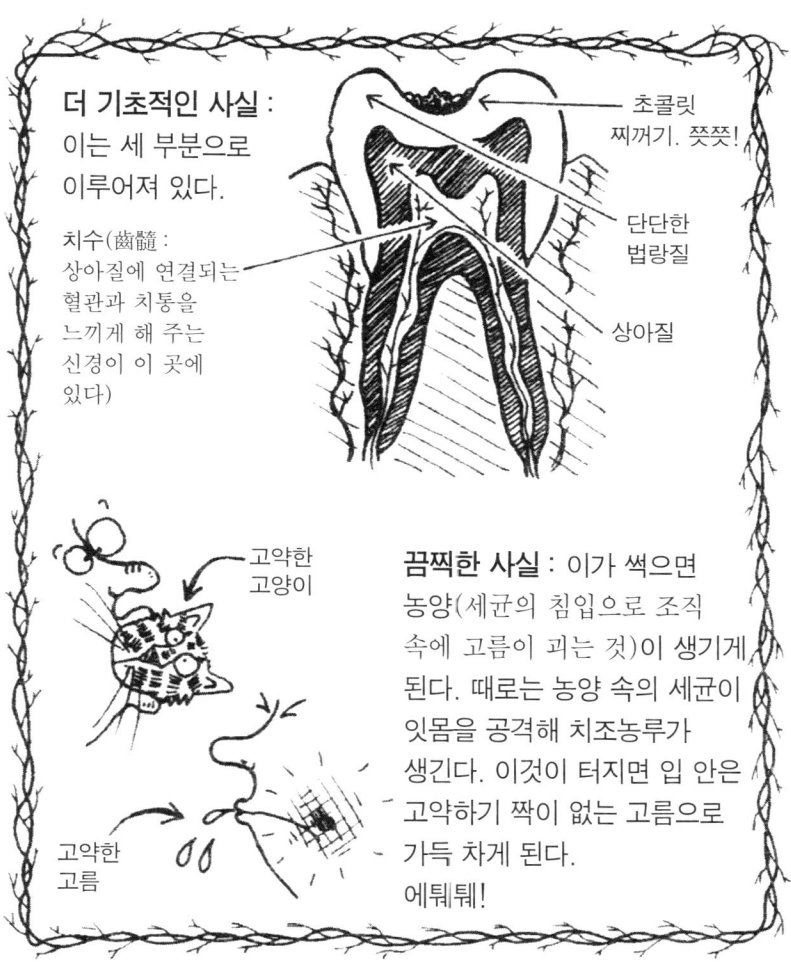

**더 기초적인 사실 :** 이는 세 부분으로 이루어져 있다.

치수(齒髓 : 상아질에 연결되는 혈관과 치통을 느끼게 해 주는 신경이 이 곳에 있다)

초콜릿 찌꺼기. 쯧쯧!

단단한 법랑질

상아질

고약한 고양이

고약한 고름

**끔찍한 사실 :** 이가 썩으면 농양(세균의 침입으로 조직 속에 고름이 괴는 것)이 생기게 된다. 때로는 농양 속의 세균이 잇몸을 공격해 치조농루가 생긴다. 이것이 터지면 입 안은 고약하기 짝이 없는 고름으로 가득 차게 된다. 에퉤퉤!

### ★ 요건 몰랐을걸!

이의 분쇄력(박살내는 힘)은 자그마치 227 kg이나 된다! 이것은 남자 어른 세 사람의 몸무게에 해당한다. 우리는 평생 두 벌의 이가 나는데, 7세 무렵부터 나기 시작하는 두 번째 이(영원히 갖게 된다고 해서 '영구치'라 부름)는 먼저 나 있던 이(젖니)를 밀어 내고 그 자리에 난다.

그러나 그 정도는 아무것도 아니다.
- 코끼리는 이빨이 4개 밖에 없지만, 모두 여섯 번이나 새로 난다. 마지막 이빨이 모두 빠지고 나면, 코끼리는 굶을 수 밖에 없다고.

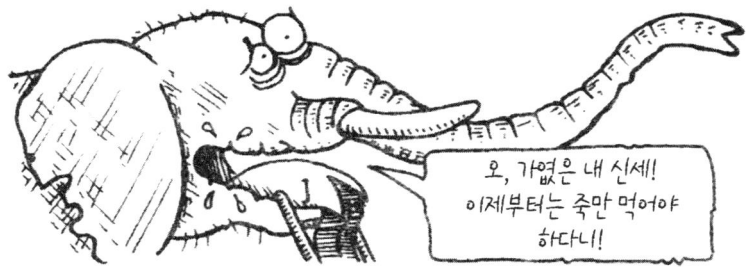

- 악어는 필요할 때마다 이빨이 새로 난다. 사람도 그러면 얼마나 좋을까! 학교에서 고무처럼 질긴 고기를 먹을 때마다 새로 이가 난다면, 훨씬 씹기 쉬울 텐데!

- 상어는 이빨이 12열로 줄지어 나 있으며, 이빨이 몇 개 빠지면 더 많은 이빨이 그 자리에 난다고.

**무시무시한 틀니**

평생 두 벌의 이밖에 갖지 못하는 우리가 만약 두 번째 이를 몽땅 잃는다면 정말 큰일이겠지? 그래서 많은 사람들이 가짜 치아, 즉 틀니를 하고 다닌다. 요즘엔 단단한 플라스틱으로 틀니를 만들지만, 옛날에는 정말 무시무시한 틀니를 달고 다녀야 했다. 몇 가지 예를 들어 볼까?

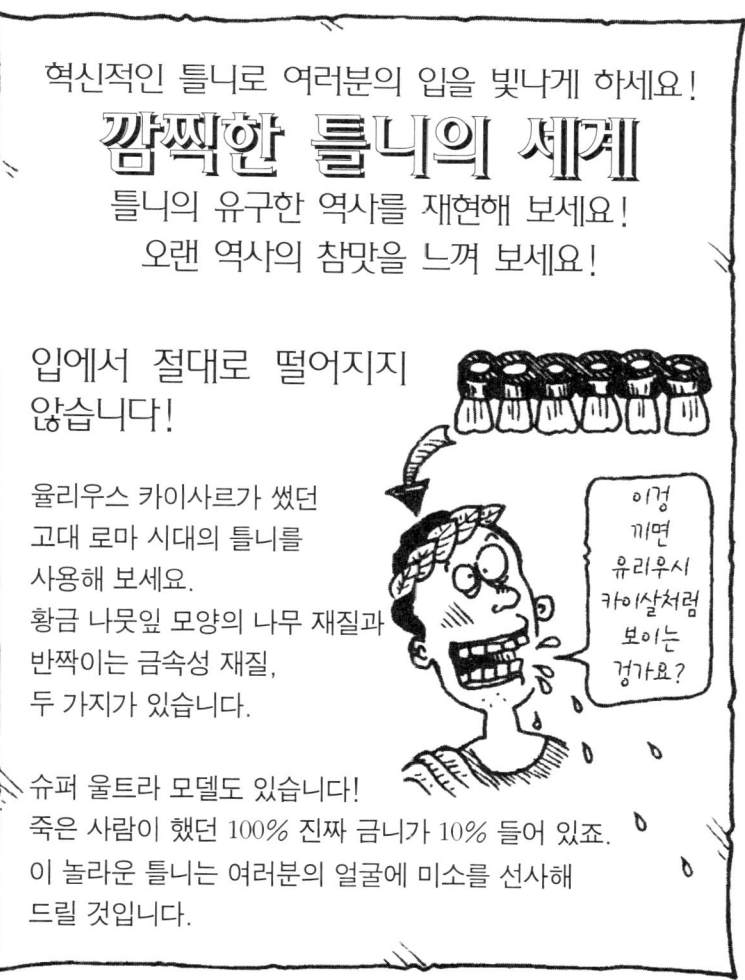

# 편리한 용수철 틀니!

**주의 사항**
용수철이 아주 강력하므로 입을 꽉 다물고 있어야 함. 그렇지 않으면 잠깐 방심하는 순간 갑자기 입이 벌어질 수 있음.

미국의 초대 대통령 조지 워싱턴(George Washington ; 1739~1799)이 애용했던 용수철 틀니를 사용해 보세요! 일일이 손으로 만든 용수철이 음식을 씹는 수고를 덜어 줄 것입니다.

뻐드렁 틀니 → ← 일반 틀니

## 친구를 놀라게 해 주고 싶다고요?

그렇다면 당장 19세기식 플라스틱 틀니를 사용해 보세요. 재질은 100% 셀룰로이드 플라스틱입니다.

**제조업자의 경고!**
셀룰로이드 플라스틱이 입 안에서 녹을 수 있으므로 틀니를 한 채 뜨거운 걸 먹지 마시길!

정말 환상적인 틀니야!

물론 틀니는 하지 않는 게 좋다.
그러려면 지금 가지고 있는 치아를 잘 관리해야 하겠지?

## 알쏭달쏭 한 마디

치아에 무엇이 생긴다고?

> 플라크(plaque)란 : 세균과 찌꺼기가 섞여 이에 엉겨 붙은 얇은 막을 말한다. 치석(齒石)과는 다르다.

단 걸 먹으면 3분도 지나기 전에 플라크 안에 숨어 있던 세균이 산을 만들어 이를 녹이기 시작한다. 그렇게 해서 이에 구멍이 생기면 끔찍한 치통을 겪게 된다.

이 문제를 해결하기 위해 몇 가지 획기적인 방법이 개발되었다.

그 밖에 또 흥미로운 것들을 소개해 보면…….
- 치실로 이 사이를 깨끗이 청소해서 이와 잇몸 사이에 숨어 있는 세균을 몰아 낸다.
- 무설탕 껌을 씹어서 침이 고이게 만든다. 침에는 세균이 만들어 내는 산과 싸울 수 있는 화학 물질이 들어 있어서 이가 상하는 걸 막아 준다.

그러나 과학 시간에는 이 두 가지 방법을 쓰지 말도록. 대신에 이렇게 해 보는 건 어떨까?

## 선생님의 실력을 테스트해 보자

여러분의 선생님은 이에 대해 얼마나 잘 알고 있을까? 잘 모르겠다고? 그렇다면 다음 질문을 던져 보면 알지.

1. 10세짜리 아이의 이는 몇 개일까?
**a)** 약 52개
**b)** 약 12개
**c)** 약 26개

2. 다음 중 오늘날 치약의 원료로 사용되지 않는 것은?
**a)** 분필
**b)** 해초
**c)** 액체 세제

> 답:
> 1. a) 이 민감한 채네를 안아섣뛰일 생삭할까? 몹 52개가 굴로 있다면서, 얼게를 찟다면 얼마나 아프겠어! 10세 정도의 아이는 첫 번째 이가 빠지고 그 아래에 연구치가 자라나고 있다. 그래서 임시로 젖니와 영구치를 함께 갖고 있다. 그러나 몸이 20개 아니지만, 몸이 다 자란 성인은 사랑니까지 합해서 32개의 이를 갖게 된다.
> 2. 치중에서 아무거나 이 곰지 않게 관계없다. 세 가지 모두 사용된다. 모르는 곳은 누꺼 하이 이요이 탑해주는 배루에를 잘 아주고 있고, 만드는 데 사용할 수 있다. 해초에 들어 있는 응기산화리튬은 이를 닦는 데 알맞은 온도를 만들어 주며, 거품을 내기 위해 치약에 액체 세제를 넣기도 한다. 그렇지만 양치질 후에는 꼭 입을 헹구어야 한다.

## 침이 꼴딱꼴딱

좋아하는 음식을 생각해 보자. 커다란 피자, 갓 구운 햄버거, 바삭하게 튀긴 프라이드 치킨과 프렌치 프라이. 자, 고소하고 달콤한 냄새가 코를 간지럽히지? 침도 꿀꺽 넘어가고?

그럴 줄 알았어. 음식 생각을 하면 입 안에 침이 고인다. 음식을 보거나 냄새를 맡으면 더 많은 침이 나온다. 이처럼 침은 항상 나올 준비를 하고 있다.

침은 6개의 침샘에서 만들어진다. 2개는 혀 밑에, 2개는 턱 밑, 2개는 귀 밑에 있다. 귀 밑에 있는 침샘에 바이러스가 침입해 생기는 이하선염에 걸리면 침샘이 부어 올라 얼굴이 아주 커진다. 얼굴이 너무 커져서 걱정이라고? 그렇지만 이제 걱정하지 않아도 된다. 여기 훌륭한 처방이 있으니까……

### 이하선염에 대한 민간 요법

1. 당나귀 고삐를 환자의 목에 매단다.
2. 그리고 환자를 데리고 돼지 우리를 세 바퀴 돈다.

이렇게 창피스러운 짓을 하고 나면 얼굴이 부은 것 따위는 아무렇지 않게 생각될 것이다. 잔뜩 부어 오른 침샘에서는 매일 1~1.5리터의 침을 쏟아 내며, 우린 그걸 다 삼킨다. 물론 침을 뱉는 사람도 있지만, 보기 흉하니 절대 그러지 말도록! 침은 정말 쓸모가 많다. 그럼, 어떤 일을 하는지 볼까?

혹시 입 안이 말라 있을 때 빵처럼 바싹 마른 음식을 먹어 본 적이 있는지? 게다가, 마실 것도 없다면? 먹기가 힘들지? 침은 음식을 축축하게 만듦으로써 삼키기 쉽게 해 준다. 또, 맛도 잘 느끼게 해 준다. 우리의 혀는 물에 떠다니는 화학 물질을 감지함으로써 비로소 음식의 맛을 느낄 수 있다. 음식이 말라 있으면 화학 물질이 미뢰 사이를 떠다닐 수 없기 때문에 맛을 느낄 수 없다.

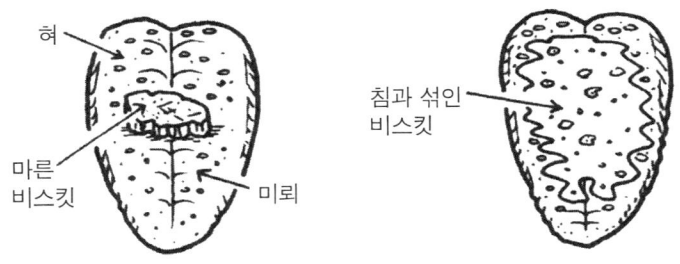

침에는 그 밖에 이상한 것도 많이 들어 있다. 우선, 점액이 있다. 점액은 기본적으로는 감기 걸렸을 때 코에서 흘러나오는 콧물과 똑같은 물질이다. 그래서 이 점액은 끈적끈적하고 실처럼 늘어지기 때문에, 쭉 하고 다시 빨아들이는 것이 가능하다. 그렇다고 지금 그것을 실험해 보려고 할 필요는 없다.

그 다음으로는 세균이 있다. 우리 입에는 한꺼번에 세균이 약 1억 마리까지 존재한다. 그 중 많은 세균은 침을 삼킬 때 목으로 넘어가 먹히고 만다. 냠냠! 그런데 신기하게도, 침에는 일부 세균을 죽일 수 있는 화학 물질이 들어 있다. 그리고 치과 의사들은 침이 우리 입을 깨끗하고, 세균에 감염되지 않도록 해 준다는 사실을 밝혀 냈다.

침에는 또한 몸에서 남아 도는 단백질로 만드는 노폐물인 '요소'가 들어 있다. 요소는 오줌에도 들어 있는 성분으로, 오줌이 노란색을 띠는 것은 바로 이 요소 때문. 우리가 단백질을 많이 섭취하면 몸에서는 그만큼 요소를 많이 만들기 때문에 침이 노란색을 띠게 된다.

침에 들어 있는 것 중에서 가장 놀라운 것은 바로 '아밀라아제(amylase)'라고 하는 효소! 아밀라아제는 탄수화물을 당류로 분해한다(효소에 대한 자세한 설명은 131쪽을 볼 것).

## 지긋지긋한 식사 시간

아이들에게 식사 시간은 고통의 시간이 되기도 한다.

## ★ 요건 몰랐을걸!

1. 음식을 먹을 때, 새에 비해 여러분은 얼마나 운이 좋은지 항상 생각할 것. 새들은 연동 운동(창자벽의 양옆을 누름으로써 음식을 그 옆의 위치로 옮기는 것)을 할 수 없다. 어떤 차이점이 있는지 잘 살펴보라.

알겠지? 새는 벌레가 목구멍으로 미끄러져 내려가도록 하기 위해, 그리고 부리 밖으로 나오지 않도록 하기 위해 그림과 같은 동작을 취한다.

2. 삼키는 걸 잘 못 하는 사람들도 있다. 식도 벽이 한꺼번에 조이는 바람에 음식이 목에 걸리기 때문이다. 찬물을 너무 급히 마실 때 이런 일이 생기기도 한다. 가장 좋은 방법은 따뜻한 물을 마셔서 목의 근육을 풀어 주는 것이다. 아! 한결 낫군.

음식을 너무 빨리 먹는 것은 좋은 습관이 아니다. 그러나 다음과 같은 기록을 남긴 사람들도 있다.

### 빨리 먹기 신기록

● 양파 피클을 정말 좋아하는 사람이 있었다. 캐나다의 빅토리아에 살던 팻 도나휴(Pat Donahue)라는 사람은 1978년에 68초 동안 양파 피클 91개를 먹는 기록을 세웠다.

● 1986년, 미국의 피터 도드스웰(Peter Dowdeswell)은 31.27초 만에 말린 자두 144개를 먹었다. 알다시피, 자두에는 섬유질이 풍부하기 때문에 배변 활동을 촉진시킨다. 그러니 도드스웰이 다음에 어떤 일을 겪었는지는 안 봐도 알겠지?

● 같은 해, 도드스웰은 영국 헤일소웬에서 12초 만에 스파게티를 91.44 m나 먹었다. 그 다음에 무슨 일이 일어났을지는 짐작이 가지?

**알쏭달쏭 한 마디**

트림은 위험한 것일까?

> 답 : 그렇지 않다. 트림은 위에 들어가 있기 운 공기를 내보내는 것이다.
> 때문에 트림은 아무 음식물 냄새나 맛이 날 수 있는 정당한 것이다.

## 트림의 비밀

트림은 음식을 먹을 때 함께 들어간 공기를 밖으로 내보내는 방법이다. 음식을 빨리 먹을수록, 그리고 먹을 때 말을 많이 할수록 트림이 잘 나온다. 그리고 서 있을 때 트림이 더 잘 나온다. 근사한 파티에 가면 사람들이 선 채로 이야기를 나누면서 먹고 마신다(또, 음료수에는 탄산 가스가 많이 들어 있다). 그러니 자연히 트림이 많이 나올 수밖에. 그렇지만 그놈의 체면 때문에 사람들은 몰래 한다.

아라비아에서는 식사 후에 큰 소리로 트림을 하는 게 좋다. 그러면 식사 예절이 아주 좋은 사람으로 생각해 준다나 어쨌다나. 어쨌든 공기를 마음껏 밖으로 내보낼 수 있다니, 정말 좋겠다!

축하합니다! 여러분은 딸꾹질이나 트림도 하지 않고, 콧물도 흘리지 않고, 식사를 마쳤다. 그럼, 이번에는 소화를 잘 할 수 있는지 볼까?

## 위대한 자여, 그대 이름은 위!

여러분은 자신의 몸을 마음대로 통제한다고 생각하지? 어떤 음식을 먹을 것인지도 결정하고. 그렇지? 그런데 우리 몸에는 자신만의 생각을 갖고 있는 것처럼 보이는 부분이 있다. 위는 가슴 왼쪽 바로 아래에 있는 근육질의 주머니인데, 속이 메스껍거나 울렁거리거나 때로는 꽈르릉거리는 것은 모두 위 때문이다. 위는 그 밖에도 놀라운 일을 많이 한다!

### 진상 조사 X-파일

**이름** : 위

**기초 사실** : 위는 음식을 저장하는 탱크로, 음식을 부수고 섞어서 소화되기 쉽게 한다. 위는 또한 단백질과 우유를 소화시키는 효소를 만든다. 위는 이 모든 일을 우리가 살아 있는 동안 평생 계속한다.

**끔찍한 이야기** : 위는 정말 이상한 곳이다. 위 속에는 반쯤 소화된 음식을 먹어 치우는 세균들이 아주 행복하게 살고 있다.

> 오래 됐지만, 아직 쓸만하군!
> 우르릉 꽝꽝! 꼬르륵! 꼴깍꼴깍! 철썩철썩!

### 위에 관한 놀라운 사실

위는 4리터의 음식을 담을 수 있다. 그러나 이 정도는 아무 것도 아니다.

- 날쌔기로 소문난 위가 차 한 잔과 샌드위치 한 개를 소화하는 데 걸리는 시간은 겨우 60분.

- 우유, 달걀, 고기는 조금 더 걸린다. 삶은 달걀과 햄을 넣은 샌드위치와 밀크 셰이크를 같이 먹었을 때에는 모두 소화하는 데 3~4시간이 걸린다.
- 위를 좀 힘들게 하고 싶으면, 수프와 고기 요리를 먹고, 거기다가 디저트로 과일까지 챙겨 먹으면 된다. 이걸 모두 소화시키려면 자그마치 6~7시간이 걸린다.

- 늑대의 위는 사람보다 커서 4.5리터의 음식이 들어간다. 그래서 그렇게 게걸스럽게 먹는 걸까?
- 소의 위에는 음식물이 150~200리터나 들어간다. 이것은 욕조를 가득 채우고도 남을 양이다(소는 사람과 달리 위가 하나가 아니라 4개나 된다). 소는 그 중에서 하나의 위에 풀을 저장했다가 다시 입으로 토해 내 되새김질을 한다. 정말 멋진 방법이지? 되새김질은 먹은 것을 다시 게워서 씹는 것을 말하는데, 한자말로는 '반추'라고 한다. 나머지 세 위는 되새김질한 풀이 썩을 때까지 저장하는 일을 한다(썩어야

소화하기가 쉽다). 냠냠!
- 망그로브원숭이는 하루 종일 잎을 먹느라 바쁘다. 그 많은 잎을 다 담고 있으려니 위가 클 수밖에 없다. 위의 무게는 몸무게의 절반에 이른다. 만약 우리가 망그로브원숭이와 같이 큰 위를 가졌다면? 제대로 걷지도 못할걸!

## 위에 관한 흥미로운 퀴즈

여러분은 위에 대해 얼마나 알고 있는가? 다음 퀴즈를 통해 자신의 실력을 테스트해 보자.

**1.** '위'를 뜻하는 영어 단어 stomach는 '목'이라는 뜻의 그리스어에서 유래했다. 참/거짓

**2.** 가슴이 두근거리는 것은 위하고는 아무 관계도 없다. 참/거짓

**3.** 위가 없어도 얼마든지 살아갈 수 있다. 참/거짓

**4.** 배가 터져라 음식을 잔뜩 먹다 보면, 실제로 위가 터질 수 있다. 참/거짓

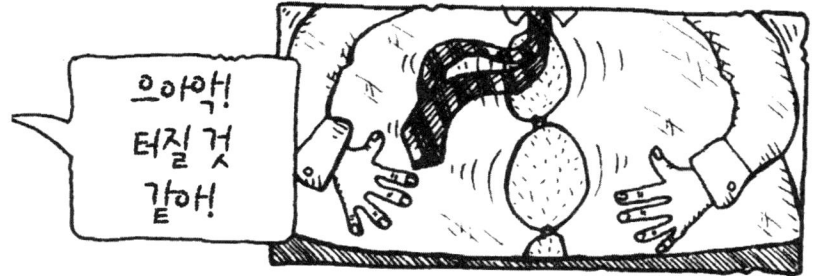

5. 차가운 아이스크림을 먹으면 위가 언다. 참/거짓
6. 잠잘 때에는 위도 활동을 멈춘다. 참/거짓
7. 위에서는 뼈도 녹일 수 있을 정도의 강한 산이 나온다. 참/거짓

> 답:
> 1. 참. 그리고 사람들은 우리 몸이 음식물을 어떻게 이해하고 있는지 궁금해했다.
> 2. 참. 거기에 무르거나는 것은 상상할 수도 있다. 시간이 지날수록 더 많이 쌓이는 사실을 곧이 들게 될 것이다. 거짓말도 아니고 사실이다.
> 3. 참. 그런 사람도 있다. 이런 사람들은 하루에 세 끼를 먹는 대신 그들의 몸에 조금씩 여러 차례 식사를 해야 한다.
> 4. 거짓. 이런 일은 절대 있을 수 없다. 하지만 우리 몸이 차면, 장운동을 멈추게 할 수 있기 때문에 이상한 느낌이 들 것이다.
> 5. 참. 위의 용적성은 삼십일하여 용량을 키울 수 있다. 하지만, 영양실조인 아주 작은 아이는, 아주 차가운 아이스크림 한 입만으로도 30분까지 멈출 수 있다.
> 6. 거짓. 위는 수많은 물질이기 조그마한도 아주 활동이 높은 기관이며, 있는 동안에도 우리의 위장은 몹시 활발하다. 하지만, 잠잘 때 소화시킬 음식물들이 거의 없다.
> 7. 참. 위에는 3500개 가량 개의 구멍이 있으며 0.5% 농도의 염산이 나온다. 하지만, 위 안쪽에는 튼튼한 점막이 있어 뼈까지 녹일 정도의 강한 산이 있음에도 (위에)구멍이 나지 않는다. 단, 몸이 건강하지 않을 때 마시는 진한 알코올 음료는 위에 매우 해롭다. 이미 약해진 점막은 (설령 건강한 점막이라도) 사용한다면 심한 통증을 일으킬 수 있다.

위에서 어떤 일이 일어나는지 처음으로 조사한 과학자는 구역질나는 실험을 아주 좋아하는 사람이었다.

### 명예의 전당 : 라차로 스팔란차니 (Lazzaro Spallanzani ; 1729~1799) 국적 : 이탈리아

총명했던 스팔란차니는 사촌인 라우라 바시(Laura Bassi ; 1711~1778)가 과학자가 되라고 말해 주기 전까지는 변호사를 꿈꾸었다. 운 좋게도, 라우라는 여성으로서는 세계 최초로 물리학 교수가 된 사람이었기 때문에 다른 과학자들에게 스팔란차니를 소개해 주었다. 그래서 스팔란차니는 뇌운(雷雲)은 어떻게 발생하고, 해면은 어떻게 생겨나는지와 같은 문제를 비롯해 여러 분야의 과학에 흥미를 가지게 되었다.

스팔란차니는 무엇이든 직접 해 봐야 직성이 풀렸다. 사람들이 이탈리아의 벤타소 호수에 소용돌이가 있다고 주장하자, 용감한 스팔란차니는 뗏목을 만들어 호수를 횡단함으로써 소용돌이가 없다는 것을 증명했다. 1788년, 스팔란차니는 화산을 공부하기로 마음먹고 이탈리아에 있는 분화구들을 차례로 방문했다. 시칠리아의 에트나산에서는 독가스 때문에 쓰러지기도 했다. 그래도 그는 굴하지 않고 화산을 찾아갔지만, 불카노산에서는 지팡이와 신발에 불이 붙고 다리에 화상을 입는 바람에 도중에 포기하고 말았다.

마침내 그는 스트롬볼리산에서 화산이 바위를 분출하는 것

은 가스 폭발 때문이라는 사실을 알아 냈다.

스팔란차니는 몇 차례 더 위험한 현장 조사를 하고 나서야 모험심을 가라앉혔다. 1765년, 스팔란차니는 신체의 일부를 재생하는 동물이 있다는 사실에 흥미를 느꼈다. 그래서 그는 수천 마리의 지렁이, 달팽이, 도롱뇽을 붙잡아 그 신체를 칼로 잘랐다(그는 이 실험 결과, 어릴수록 재생 능력이 뛰어나다는 사실을 알아 냈다). 불쌍한 것들!

스팔란차니는 소화에 대한 비밀을 풀기 위해서 용감한 실험을 시작했다. 속이 메스꺼워지는 느낌을 좋아하는 사람도 있을까? 스팔란차니는 그랬던 것 같다. 그것이 아니라면, 순전히 과학을 위해서 싫은 것도 꾹 참고 그 메스꺼운 실험들을 수없이 실시할 만큼 용기가 남아 돌았거나.

그는 사람들이 토해 낸 음식을 조사하기까지 했다. 그리고 위산이 연골(물렁뼈)도 녹일 수 있다는 사실을 발견했다. 다만, 뼈를 녹이는 것은 고기를 녹이는 것보다 시간이 오래 걸린다.

### 알쏭달쏭 한 마디

한 의사가 다른 의사에게 이렇게 말했다.

이 사람에겐 비닐 봉지가 필요할까?

답 : 토하이다. 토할(때)을, 토하면, 비닐 봉지가 필요해!

토출은 다음과 같은 경우에 일어날 수 있다.
a) 무서울 때—과학 시험을 보는 경우처럼.
b) 끔찍한 걸 보거나 냄새를 맡았을 때—기분 나쁜 과학 실험을 할 때처럼.
c) 메슥거리는 음식이나 독 혹은 세균을 먹었을 때—학교 급식 같은 걸 먹을 때처럼.

## 속이 뒤집히는 이야기

어질어질하고, 얼굴이 창백해지고, 식은땀이 나고, 입에 침이 가득 고인다면, 그것은 곧 토한다는 신호이다. 그러니까 당장 화장실로 뛰어가도록! 구토는 아랫배와 위의 근육들이 쥐어짜면서 반쯤 소화된 음식을 장에서 밖으로 나가게 하는 것이다. 구토는 두뇌의 구토 중추라는 곳에서 제어한다. 너무 무서워도 구토를 한다는 사실이 알려져 있지만, 과학자들도 정확히 그 이유는 모른다. 다만, 무서운 것을 보게 되면, 신경에서 토하게 만드는 화학 물질이 분비된다고 짐작할 뿐이다.

구토물은 그것이 위에 얼마나 오래 머물러 있었는지에 따라 모양이 다르다. 위에 단 몇 초만 머물러 있었을 경우에는 먹었을 때와 별로 다르지 않다. 그러나 위에 들어간 지 몇 시간이 지났다면, 걸쭉한 죽처럼 된다. 과학자들은 이 메스꺼운 물질을 '미즙(chyme)'이라고 부른다.

## 나도 과학자가 될 수 있을까?

몸을 숙일 때 토할 것 같은 경험이 있는 사람? 아니, 지금 그렇게 해 보라는 게 아니다. 절대로(이렇게까지 말해 두었으니, 만약의 사태가 일어나더라도 그것은 전적으로 여러분의 책임이다)! 몸을 숙이면 반쯤 소화된 음식이 위에서 미끄러져서 나올 수 있다. 이 때, 위에서 산과 섞인 음식물은 식도를 태울 수도 있다. 그러면 어떤 사람들은 심장마비가 일어나는 것으로 착각하기도 한다. 이런 현상을 '가슴쓰림'이라고 한다. 과학자들은 운동이 가슴쓰림에 미치는 효과를 조사해 보았다. 그들은 다음과 같은 운동을 하고 나서 한 시간 후에 식도에 남아 있는 위산의 양을 측정하였다.

**a)** 달리기
**b)** 역기 들어올리기
**c)** 자전거타기

이 중에서 가슴쓰림을 가장 많이 느끼게 한 것은 무엇일까?

> **답: a)** 달리기일 때 몸이 아래위로 진동하기 때문에 위의 내용물이 식도로 올라오기 쉽다. 가슴쓰림을 느끼게 하는 것은 자전거타기, 역기 들어올리기, 달리기 순이다. 역기 들어올리기는 숨을 참고 하기 때문에 위에서 식도로 음식물이 넘어갈 수 있다. 그러나 달리기만큼은 아니다. 이처럼 몸을 많이 움직일수록 위산 역류가 심하게 일어난다는 걸 알 수 있다!

## 고통스러운 궤양

위의 삶은 정말 고달프다. 위가 겪는 고통 중에서 가장 힘든 것은 바로 자신을 소화해 버리기 시작하는 것! 이것이 바로 위궤양이다. 위궤양은 참을 수 없는 고통을 주며, 위산을 중화시키기 위해 분필과 같은 성분의 물질로 치료해야 한다.

우리 위가 위궤양을 가만히 보고만 있느냐고? 아니지! 다음과 같은 세 가지 전략으로 철통 방어를 하고 있는걸!

**1.** 젤리 같은 점액(기억나는지? 줄줄 흐르는 콧물 같은 것 말이다)으로 두꺼운 층을 만든다. 그러면 위산이 새어 나와 위벽을 녹여 궤양을 만드는 걸 막을 수 있다.

**2.** 8억 개의 세포로 이루어진 두꺼운 위벽을 만들어 위산의 침투를 막아 낸다. 세포는 3일마다 새로 교체되기 때문에 여러분은 항상 반짝반짝 빛나는 새로운 위벽을 가지게 된다.

**3.** 위에 산이 너무 많아지면, 위 세포는 탄산수소나트륨이라고 하는 화학 물질을 만들어 낸다. 이것은 위가 뒤틀릴 때 복용하는 약이나 광천수에 들어 있는 성분이다. 탄산수소나트륨은 산을 중화시키는 작용을 한다.

다행히도, 위궤양은 주로 스트레스를 많이 받는 어른들에게 일어난다.

과학자들은 궤양이 세균 때문에 생긴다고 생각한다. 이 세균 때문에 위벽이 보호 점액을 만드는 작업을 중지한다는 것이다. 그러면 위벽에 구멍이 나는데, 그것이 바로 궤양이 되는 것. 아야야!

자, 이젠 그만 위에서 떠날 시간이 됐다. 이번에는 꾸불꾸불 기나긴 장(속된 말로 창자)을 살펴볼 차례이다. 이번 여행은 정말로 여러분의 속을 뒤집어 놓을 것이다.

# 꾸불꾸불 창자 여행

"장에 온 걸 환영합니다! 장은 소화 기관 중에서 가장 웅장한 곳으로, 온갖 일이 일어나고 있답니다. 지방, 탄수화물, 단백질이 작은 화학 물질로 분해된 다음, 혈액 속으로 흡수되죠. 장은 그야말로 온갖 기괴하고 메스꺼운 일들이 일어나는 장소랍니다."

앞에서 곱창맨 탐정이 창자 여행을 한 것을 기억하지? 자, 이것이 바로 곱창맨 탐정이 사용한 지도이다. 우리가 장을 여행하는 데에도 큰 도움이 될 것이다.

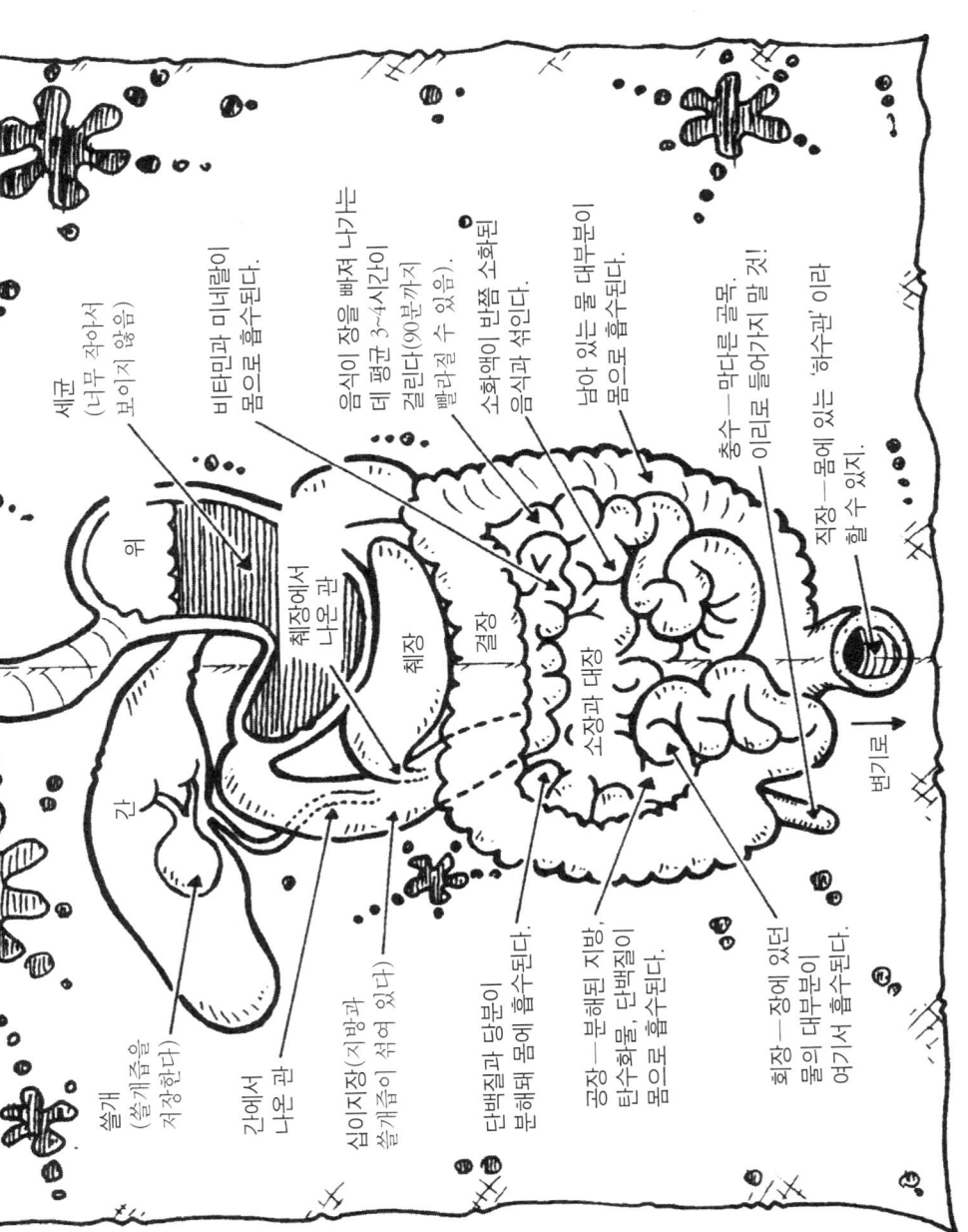

## 장에 관한 메스꺼운 사실

**1.** 사람의 장은 길이가 9 m나 된다. 만약 장이 촘촘하게 꾸불꾸불 구부러져 있지 않다면, 여러분의 키가 11 m는 되어야 장을 몸 속에 넣고 다닐 수 있을 것이다.

**2.** 십이지장은 고대 그리스의 의사 헤로필로스(Herophilos ; 기원전 4세기)가 장의 길이가 손가락 12개와 같다고 주장한 데서 그런 이름이 붙게 되었다.

**3.** 고대 그리스와 로마 사람들은 양을 신에게 바칠 때 그 장을 보면 미래를 알 수 있다고 믿었다. 대체로 양의 장이 건강해 보이지 않으면 미래도 좋지 않다고 생각했다.

**4.** 소장의 내부는 마치 털이 북실북실한 카펫과 같다. 털처럼 보이는 수천 개의 작은 융모가 장벽에 나 있어서, 소화된 음식을 빨아들여 핏속으로 보내는 일을 한다. 이것을 편평하게 다림질하면, 그 넓이는 무려 20~40 m²에 이른다고 한다. 커다란 교실 하나에 해당하는 셈.

**5.** 음식 찌꺼기와 미네랄은 때때로 장에서 이상한 돌을 만드는데, 이것을 결석(結石)이라고 한다. 결석은 양이나 염소의 위에서도 발견된다. 옛날에는 결석에 마법의 힘이 있다고 생각했다. 17세기에는 결석을 갈아서 약으로 쓰기도 했지만, 아

무 효험도 없었다.

6. 5세기에 인도 의사들은 장폐색을 치료하기 위해 수술도 서슴지 않았다. 그들은 환자의 복부를 절개한 다음, 절개 부위를 봉합할 때 개미를 사용했다. 커다란 검은 개미에게 양쪽 절개 부위를 물게 한 다음, 개미 머리만 남기고 몸통을 잘라 냈다. 그러면 개미의 턱들이 마치 바느질 자국처럼 봉합 부위에 남았다. 다행인 것은 우리의 장은 아픔을 느끼지 못한다는 것(복통은 다른 문제). 따라서, 이 수술은 환자에게 해가 되는 건 아니었다. 비록 개미는 머리가 잘리는 고통을 겪었지만.

## 직접 해 보는 실험: 쓸개즙의 지방 길들이기

준비물:
세제
따뜻한 물 한 그릇
식용유

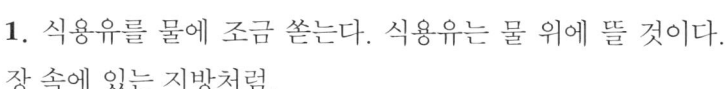

실험 방법:

1. 식용유를 물에 조금 쏟는다. 식용유는 물 위에 뜰 것이다. 장 속에 있는 지방처럼.

2. 쓸개즙과 같은 역할을 하는 세제를 한 방울 떨어뜨리고, 잘 저어 준다. 어떤 일이 일어날까?

a) 식용유가 바닥으로 가라앉고, 찌꺼기가 생긴다.

b) 식용유, 세제, 물이 섞이면서 작은 거품이 많이 생긴다.
c) 식용유, 세제, 물이 커다란 거품을 만드는데, 이것은 쉽게 터지지 않는다.

> 답 : b) 세제(洗劑)가 사용(식용)유를 골고루 흔들어 잘게 만들고, 이렇게 잘게 만들어진 기름이 물 속에 골고루 흩어져 물결과 함께 작은 거품을 만든다.
> (위 문장은 거꾸로 인쇄되어 있음)

## 기묘한 대화

이렇게 많고 많은 복잡한 일들을 몸은 어떻게 알아서 조절할까? 장 속에서 음식물이 움직이지 않아 뒤에 오던 음식물이 그 위에 차곡차곡 쌓이는 것과 같은 일은 왜 일어나지 않을까?

사실, 우리 몸에 흐르는 피에는 호르몬(hormone)이라는 아주 특별한 화학 물질이 들어 있다. 호르몬은 몸 이곳 저곳의 메시지를 전해 줌으로써 몸 속에서 일어나는 중요한 일들을 조절하는 역할을 한다. 호르몬이 과연 어떤 메시지를 전해 주는지 한번 들어 볼까? 안 들린다고? 그냥 들리는 척해!

우리 몸에는 세크레틴(secretin)이라는 호르몬이 있다. 세크레틴은 다음과 같은 메시지를 전해 준다.

또, 콜레시스토키닌(cholecystokinin)이란 호르몬은 어떤 메시지를 전달하는지 볼까?

장은 또한 신경과도 계속 연락을 주고받고 있다. 마치 전화선을 놓은 것처럼. 이들의 대화를 한번 들어 보자.

### 잘 부어 오르는 충수

충수는 종종 세균의 침입을 받는데, 이렇게 되면 마치 고름이 가득 찬 풍선처럼 부풀어 오르며, 때로는 터지기도 한다.

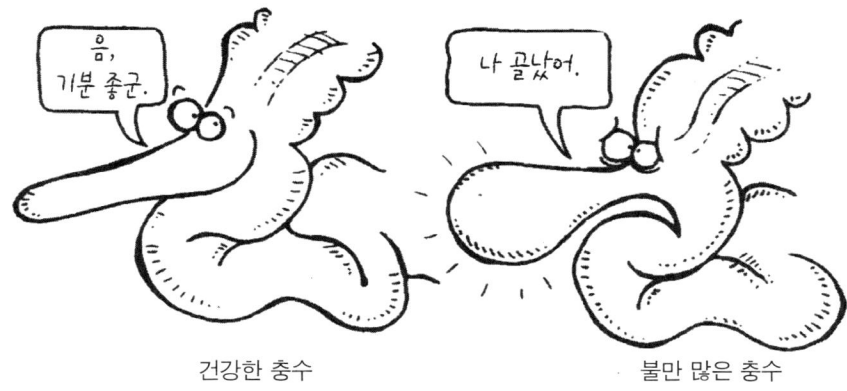

건강한 충수　　　　　　　　　　　불만 많은 충수

이 무시무시한 질환을 충수염(흔히 맹장염이라고 함)이라고 하는데, 심각한 경우에는 충수를 떼어 내야 한다. 감염 정도가 심하지 않으면 몸 안에 있는 백혈구가 대부분의 세균을 먹어 버리기 때문에 충수는 곧 괜찮아진다. 그러나 세균이 다시 늘어나면, 더 큰 고통을 느끼게 된다. 충수는 다시 풍선처럼 커졌다고 투덜거리고, 그러면 환자도 역시 아프다고 투덜거리게 된다. 상황이 더 나빠질 수도 있다. 이러한 일이 결장에 일어나면 정말 위험하기 때문.

## 결장을 제거하라

결장의 길이는 1.5 m로, 장의 마지막 부분이다. 결장은 대변을 몸 밖으로 내보내기 전에 잠깐 보관해 두는 곳이다. 그 동안 결장은 대변에 남아 있는 수분을 쪽 빨아들인다. 만약 결장이 없다면? 아마 평생 동안 설사를 하며 지내야 할걸.

외과 의사 윌리엄 아뷰스놋 레인(William Arbuthnot Lane : 1856~1943)은 의사답지 않게 춤도 잘 췄을 뿐만 아니라, 새로운 수술 도구를 개발하는 데에도 뛰어났다. 그러나 결장에 대한 연구에서는 약간의 실수를 저질렀다. 레인은 결장이 아무 쓸모 없으며, 오히려 병의 원인이 된다고 생각했다. 결장에 있던 세균들이 다른 부위로 옮겨 가 감염시킨다나? 그렇게 되면 결국 공동 묘지행이 된다는 것이다. 레인의 주장에 따르면, 위험한 결장을 갖고 있는 사람은 귀가 차고 푸르스름하며, 코가 차고, 손도 축축하다. 그리고······.

어쨌든 레인은 결장에 관해서는 전문가였다. 레인은 결장이 갑자기 꼬이는 현상(오늘날에는 이것을 '레인 염전'이라고 부른다)을 발견한 뒤 명성이 높아졌다.

환자의 처량한 외모가 걱정된 레인은 문제의 결장을 잘라내는 수술법을 고안했다. 아이디어 자체는 좋았다. 희생자, 아니 환자가 그 결과에 대해 개의치 않는다면 말이다. 이 수술을 받은 환자는 장에 구멍을 뚫고 그 구멍을 통해 나오는 대변을 평생 동안 비닐 봉지에 받아 내며 살아가야 했다. 욱! 정말 다행하게도, 다른 의사들은 그것을 쓸데없는 수술이라고 비판하고 나섰다. 그래서 레인의 결장 수술도 막을 내리게 되었다.

그건 그렇고, 장으로 다시 돌아가 볼까? 장에는 온갖 것들이 들끓고 있다. 보글보글, 바글바글, 신기한 화학 물질들이 제각기 바쁘게 일하고 있는 것이다. 자, 그럼 이번에는 활력이 넘치는 효소에 대해 알아보자. 혹시 지금 장이 부글부글 끓어오르고 있지는 않은지? 잘 모르겠다고? 그렇다면 지금 당장 확인해 보는 게 좋을걸!

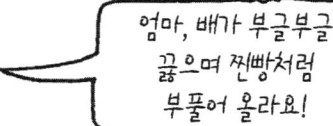

# 효소가 부글부글

우리 몸 속을 들여다보라. 뼈와 근육과 피가 엉겨붙어 있는 게 섬뜩하다고? 조금 더 자세히 들여다보라. 화학자들이 탄복할 만한 멋진 화학 반응이 일어나고 있는 게 보이지? 이러한 화학 반응들은 모두 효소가 있기 때문에 가능한 일이다. 효소가 없다면 음식을 소화할 수 없고, 여러분의 생명도 종을 쳐야 한다. 효소가 있기에 여러분은 몸의 건강을 유지할 수 있다. 그렇다면 효소는 하루 종일 도대체 어떤 일들을 할까?

### 진상 조사 X-파일 : 효소

**이름** : 효소

**기초 사실** : **1.** 효소는 단백질의 일종으로, 다른 화학 물질을 변화시키는 역할을 한다. 소화 과정에서 효소는 다른 화학 물질을 잘게 분해하는 일을 한다.
**2.** 우리 몸에 있는 모든 세포에는 3000여 가지의 효소가 들어 있다.

**끔찍한 사실** : 우리 몸에 효소가 없다면, 음식물을 소화할 수 있는 유일한 방법은 몸을 따뜻하게 하는 것뿐. 그렇게 하면 음식물에 있는 화학 물질을 분해할 수 있다. 그러나 불행하게도, 그러려면 우리 몸의 온도가 300°C까지 올라가야 한다. 그러니까 음식을 먹으려면 먼저 자기 자신부터 요리해야 한다는 이야기.

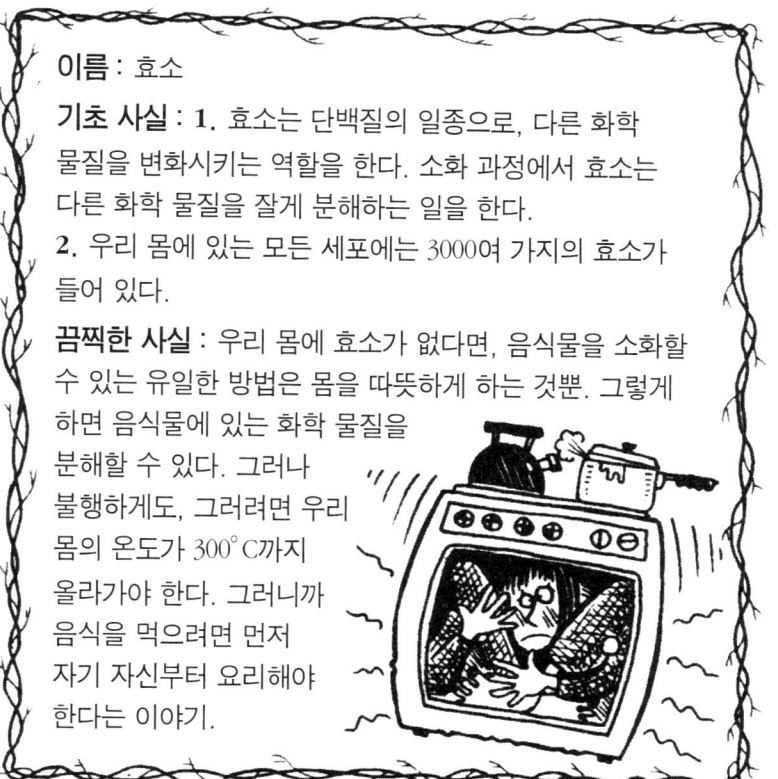

## 직접 해 보는 실험 : 효소는 무슨 일을 할까?

준비물 :

푹 삶은 달걀(달걀은 10분간 끓여야 하는데, 어른의 도움을 받도록 한다. 삶은 달걀은 찬물에 담가 식힌 다음, 껍질을 깐다)

합성 세제

빈 병

찻숟가락

실험 방법 :

1. 따뜻한 물 8숟가락을 병에 넣는다.
2. 합성 세제 1숟가락을 넣고, 세제가 녹을 때까지 잘 젓는다.
3. 달걀 흰자를 넣는다(노른자는 안 됨).
4. 병을 수건으로 싼 다음, 세탁물이 보송보송 마를 만큼 따뜻한 곳에 이틀 동안 둔다

5. 달걀 흰자를 관찰한다. 어떤 일이 일어났을까?

**a)** 달걀 흰자가 끔찍한 갈색으로 변했다.

**b)** 달걀 흰자가 흰색 액체로 변했다.

**c)** 달걀 흰자의 양이 줄어들었다.

답 : ⓒ 세제에도 효소가 들어 있어서 단백질이나 녹말로 된 때를 분해하는 역할을 한다. 효소는 곰 팡이나 세균 같이 이미 죽어 있는 식물에도 들어 있다. 죽은 식물이 썩는 것도 효소 때문이다. 따라서 이를 썩게 하는 것도 효소다. 이가 썩지 않게 하려면 이를 잘 닦아야 한다.

## ★ 요건 몰랐을걸!

효소가 장에서 화학 물질을 분해할 때에는 열이 발생한다. 북극에서 개썰매를 모는 사람들이 아주 추운 날에 개에게 버터를 먹이는 것도 바로 이 때문이다. 버터가 효소에 의해 분해될 때 발생하는 열이 개의 몸을 따뜻하게 해 준다. 그래? 효소가 열을 발생시킨다면, 우리 몸에서 뜨거운 열이 발생하는 곳을 찾아가 볼까?

### 진상 조사 X-파일 : 췌장

**이름** : 췌장

**기초 사실** : 췌장은 탄수화물, 단백질, 지방을 소화시키는 효소를 생산하는 공장과 같다. 하루에 약 1.5리터나 되는 소화액을 만들어 낸다.

**끔찍한 사실** : 췌장에서는 또한 인슐린과 글루카곤이라는 두 가지 호르몬을 만든다. 이 두 호르몬은 근육으로 들어가는 당의 양을 조절한다(당은 근육에서 에너지로 변한다). 인슐린이 부족하면 당뇨병이라고 하는 끔찍한 병에 걸린다.

## 누가 진짜 발견자인가?

 과학자들은 대개 오랜 시간 동안 노력한 끝에 위대한 발견을 이룬다. 그런데 발견의 영광은 누구에게 돌아갈까? 인슐린의 예를 살펴보자. 인슐린의 효능을 알아 낸 과학자들은 당뇨병 환자들에게 인슐린을 주사하여 수많은 생명을 구할 수 있었다. 1923년, 스웨덴에서는 노벨 의학상 수상자를 결정하기 위한 위원회가 열려 인슐린을 합성한 사람에게 상을 주기로 했다. 그런데 도대체 누구에게 상을 줘야 하는가? 후보자 명단에 오른 사람들은 다음과 같았다.

**프레더릭 밴팅**(Frederick Banting ; 1891~1941)

 당시의 많은 과학자들처럼 밴팅도 당뇨병을 예방하는 무언가가 췌장에 있다는 걸 알았다. 그는 1922년에 인슐린을 발견했다.

**찰스 베스트**(Charles Best ; 1899~1978)

 뛰어난 실험 조교인 그는 밴팅의 실험을 도왔다. 베스트와 밴팅은 서로에게 인슐린 주사를 놓아 사람에게 주사해도 안전하다는 걸 증명했다.

**제임스 콜립**(James Collip : 1892-1965)

 콜립은 우수한 화학자로,

순수한 인슐린을 합성했다.

존 매클라우드(John Macleod ; 1876~1935)

밴팅과 베스트가 연구하던 캐나다의 실험실 책임자로, 밴팅을 과학자로 생각하지 않았다. 그리고 인슐린이 발견될 때, 그는 휴가 중이었다.

위의 네 사람 중 두 명이 1923년의 노벨 의학상 수상자가 되었다. 누군지 알아맞힐 수 있겠는가?

> 답 : 매클라우드와 밴팅. 매클라우드는 그 때 휴가 중이었지만, 실험실 책임자로서 이름을 받는 것은 관례였다. 베스트는 매클라우드가 상을 받은 것을 몹시 화가 났으며, 다행히도, 밴팅이 상금의 반을 그와 나누기로 했다. 매클라우드는 상금의 반을 생화학자인 제임스 콜리프와 나누어 가졌다.

## 진상 조사 X-파일 : 간

**이름** : 간

**기초 사실** : 색깔은 갈색이고, 무게는 약 1.5 kg. 쓸개즙이 지방을 소화시키는 걸 도와 주는 등 수백 가지의 일을 한다. 음식물이 소화되고 나면, 음식에서 분해된 화학 물질과 비타민이 간에 저장된다.

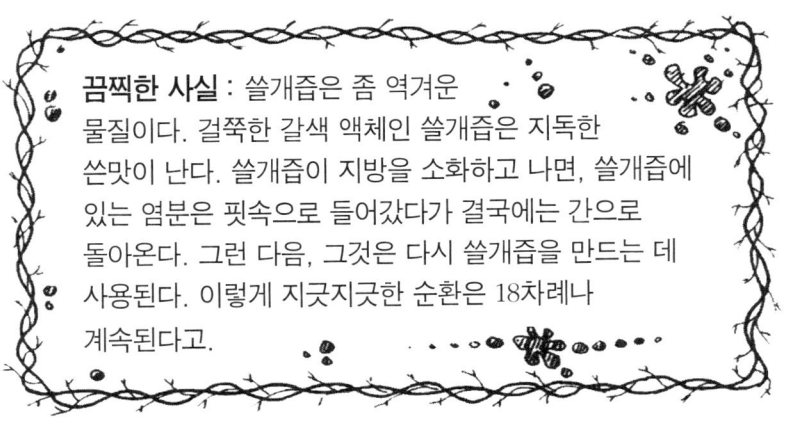

**끔찍한 사실** : 쓸개즙은 좀 역겨운 물질이다. 걸쭉한 갈색 액체인 쓸개즙은 지독한 쓴맛이 난다. 쓸개즙이 지방을 소화하고 나면, 쓸개즙에 있는 염분은 핏속으로 들어갔다가 결국에는 간으로 돌아온다. 그런 다음, 그것은 다시 쓸개즙을 만드는 데 사용된다. 이렇게 지긋지긋한 순환은 18차례나 계속된다고.

다음은 간의 비밀을 푸는 데 중요한 역할을 한 사람에 관한 이야기이다.

## 명예의 전당 : 클로드 베르나르(Claude Bernard ; 1813~1878) 국적 : 프랑스

베르나르는 시골의 가난한 집안에서 태어났지만(아버지는 포도 따는 일을 했다), 프랑스 과학자로서는 최초로 국장의 예우를 받으며 세상을 떠났다. 베르나르는 젊은 시절에는 과학에 종사하려는 생각이 없었다. 그는 극작가가 되고 싶어했다. 그러나 다행히도(아, 그러니까 과학의 입장에서) 그는 극작가의 재능이 별로였기 때문에 결국 의학을 선택하게 되었다.

베르나르는 탄수화물이 소화 과정에서 분해되어 당으로 변하며, 지방이 쓸개즙에 의해 분해된다는 사실을 발견했다. 간이 당을 만들어 낼 수 있다는 사실도 발견했다. 개에게 당분이 전혀 없는 음식을 준 다음 간을 조사했더니, 신기하게도 거기에 당이 만들어져 있었다.

그러나 많은 사람들은 개를 대상으로 한 베르나르의 실험이 잔인하다고 생각했다. 그의 부인 역시 그랬다. 개를 키우는 사람들이 베르나르를 근처에 얼씬도 못 하게 하자, 베르나르는 실험 재료의 부족으로 연구에 어려움을 겪게 되었다.

결국 개를 납치해서 연구할 수밖에! 하루는 베르나르가 훔쳐 온 개가 실험실에서 도망쳐 주인에게 돌아가 버리고 말았다. 불행하게도, 그 주인은 경찰서장이었다! 경찰서장은 베르나르에게 곤혹스러운 질문을 몇 가지 던졌다.

자, 그 다음에 어떤 일이 일어났을까?

a) 베르나르는 개에게 잔인한 짓을 한 죄로 감옥에서 3년간 노동을 했으며, 그의 아내는 재판에 증인으로 출석했다.
b) 베르나르는 무거운 벌금을 물고 풀려났으며, 길 잃은 개를 위한 보호소에 많은 돈을 기부했다.
c) 베르나르는 넙죽 엎드려 사과한 뒤, 주의만 받고 풀려났다.

> 답 : c) 그리기 기법 주의 한다 개는 주인에게 돌려 주었으며 모든 것을 용서받았다.

## 무시무시한 간 질환

고대 바빌로니아 사람들은 간이 아픈지 아닌지를 이상한 방법으로 알아 냈다. 그러면 그 비밀이 적혀 있는 고대 바빌로니아의 점토판을 한번 살펴보자.

> 고대 바빌로니아의
> 점토판

간이 아픈지 알려면 양 한 마리가 필요하다:
1. 양의 콧구멍에 입김을 불어넣는다.
2. 양을 신에게 제물로 바친 뒤, 간을 살펴본다.
3. 제물의 간을 진흙 모형과 비교하여 다른 점이 있다면, 역시 양을 바친 사람의 간에도 같은 문제가 있다.

장에 있는 것과 같은 돌(결석)이 종종 간에서도 발견된다. 결석은 종종 쓸개에 생기는데, 쓸개즙이 장에 가는 걸 막을 정도로 크지만 않다면 아무런 해가 없다. 만약 돌이 커 쓸개즙의 이동을 방해하게 되면, 쓸개즙은 피로 새어 들어가 피부나 눈에 쌓이게 되며, 그 결과 눈동자와 피부가 노란색으로 변한다. 이러한 증상을 '황달(黃疸)'이라고 한다.

위의 세 가지 노란색 물체 중 황달에 걸린 것이 어느 것인지 알 수 있겠지?

오늘날에는 외과 의사들이 결석을 쉽게 부수며, 아주 심각한 경우에도 간단한 수술로 쓸개를 끄집어 낼 수 있다. 한편, 이러는 동안에도 우리 몸은 어렵게 소화시킨 음식물을 부지런히 소비하느라 무척 바쁘게 움직인다.

## 음식 에너지의 측정 단위

혈액은 소화된 음식물의 화학 물질을 몸 곳곳으로 전달한다. 근육에서 이들 화학 물질은 분해되면서 에너지를 만들어 낸다. 이 에너지로 우리가 몸을 움직이는 것이다. 이 에너지는 킬로줄(kilojoule), 즉 kJ라는 단위로 측정한다.

> **★ 요건 몰랐을걸!**
> 9~11세의 남자는 하루에 9500 kJ의 에너지가 필요하며, 12~14세의 남자는 11,000 kJ이 필요하다. 9~11세의 여자는 하루에 8500 kJ, 12~14세의 여자는 9000 kJ가 필요하다. 여자가 남자보다 에너지가 덜 필요한 이유는 무엇일까? 여자가 남자보다 몸집이 작거나 활동을 적게 하기 때문이다. 아니면, 그저 남자 아이만큼 많이 먹지 않기 때문일지도.

다른 동물은 어떨까?
- 카나리아가 횃대에서 떨어지지 않도록 하기 위해 필요한 에너지는 하루에 46 kJ.
- 코끼리는 하루에 무려 385,000 kJ의 에너지를 사용한다.
- 로켓을 우주 공간에 쏘아 올리는 데에는 1억 kJ이 필요하다.
헷갈리지? 다음 퀴즈를 풀어 보면, 한결 이해가 쉬울 것이다.

## 에너지에 관한 즉석 퀴즈

다음의 각 운동을 하는 데 에너지가 얼마나 필요한지 알아맞혀 보라. 오른쪽의 보기에서 고르면 된다.

| 운동 | 음식물 |
| --- | --- |
| 1. 한 시간 동안 눈 치우기 | a) 우유 한 컵 418 kJ |
| 2. 10분 동안 자전거 타기 | b) 사과 1개 840 kJ |
| 3. 20분 동안 마루 청소하기 | c) 초콜릿 1개 1255 kJ |
| 4. 수영장에서 쉬지 않고 4분 동안 수영하기 | d) 버터 바른 토스트 1개 314 kJ |
| 5. 10분 동안 춤추기 | e) 소시지 300 g 3000 kJ |

**경고** : 음식을 너무 적게 먹으면 배가 무척 고플뿐더러 몸이 약해지고 어지러워진다. 기절할 수도 있다. 또, 너무 많이 먹으면 몸에 필요 없는 지방이 잔뜩 쌓이게 된다.

> 답:
> 1. e) 소시지에 들어 있는 지방은 에너지를 많이 낼 수 있기 때문에 곧 치솟게 칠 정도 많은 양을 가뿐히 해낼 수 있다.
> 2. d) 농구가 정말 좋은 운동이네. 에너지를 평균적이여, 이 정도 에너지면 약 75분 운동 할 수 있다.
> 3. b) 롤러 에어로빅이 복부 군살을 단숨히 돌린다, 시간 돌 해당 먹고 운동하기가 나쁘지는 않겠지만.
> 4. c) 뜰, 한 시간 운동 할 정도 하거나를 3시간 운동 없이 고정 시 해당 돌을 데이로도 이 정도 에너지를 평균적으로 한다. 그렇지만 아이를 시뮬레이 블루 정도 양 탄생과 많은 것을 해 가겠지?
> 5. a) 이 정도의 에너지를 효과적으로 75분 운동 TV를 봐야 한다.

## 뜨거운 열을 식혀라

몸에서 에너지를 만들다 보면 열이 나게 마련이다. 달리기를 하고 나면 땀이 나고 더워지는 것도 이 때문이다. 우리는 매일 석탄 500 g을 태우는 것과 맞먹는 열을 낸다. 또, 12명이 방 안에 앉아 있으면, 소형 전기 난로에 해당하는 열이 나온다. 다행히도, 피가 우리 몸을 돌면서 열을 피부 쪽으로 보내고, 피부에서는 작은 구멍들을 통해 열이 공기 중으로 빠져 나간다. 휴, 정말 다행이군!

몸에 열이 많이 나면 몸 속의 물을 밖으로 배출함으로써 몸을 식히는 방법이 있다. 땀을 흘리는 것이 바로 그것이다. 그런데 몸 속에 물이 너무 많으면, 물을 빼내는 또 다른 방법이 있다. 어떤 방법인지 짐작이 가는가?

# 굽이굽이 몸 속을 돌고 또 돌아

우리는 화장실에 가지 않고는 살 수 없다. 화장실에 가고 싶다는 생각, 즉 배설 욕구는 아주 강한 힘으로 우리에게 명령을 내린다. 아침에 먹은 밥이 몸을 한 바퀴 돌고 나면, 우리의 몸은 배설을 요구한다. 아무리 바쁜 일이 있더라도, 심지어는 중요한 과학 시험을 치고 있는 중이라도, 몸에서 화장실에 가라는 명령이 내리면, 우리는 그렇게 하지 않을 수 없다.

왜 그럴까? 그것은 바로 한 쌍의 신장(콩팥) 때문이다.

### 진상 조사 X-파일 : 신장

**이름** : 신장

**기초 사실** : 몸 왼쪽과 오른쪽에 하나씩 있다. 그렇지만 살아가는 데에는 하나만 있어도 충분하다. 신장 하나의 크기는 가로 6 cm, 세로 11 cm이다. 신장은 혈액에 섞여 있는 필요 없는 물과 화학 물질을 걸러 내는 일을 한다.

**끔찍한 사실** : 여기서 걸러진 쓸데없는 물질(어려운 말로 노폐물)이 바로 소변, 즉 여러분이 누는 오줌이다.

## 끝내 주는 여과 장치

신장은 매일 약 2000리터의 혈액을 거른다. 아, 물론 우리 몸에 혈액이 그렇게 많이 있다는 이야기는 아니다. 그러니까 혈액이 여러 차례 신장을 지나가면서 걸러진다는 이야기지.

신장에서 어떻게 혈액을 거르는지 살펴보자.

자, 우리 몸에 있는 신장이 끝내 주는 한 쌍의 커피 여과 장치라고 생각해 보자(물론 신장은 커피만 거르는 게 아니다).

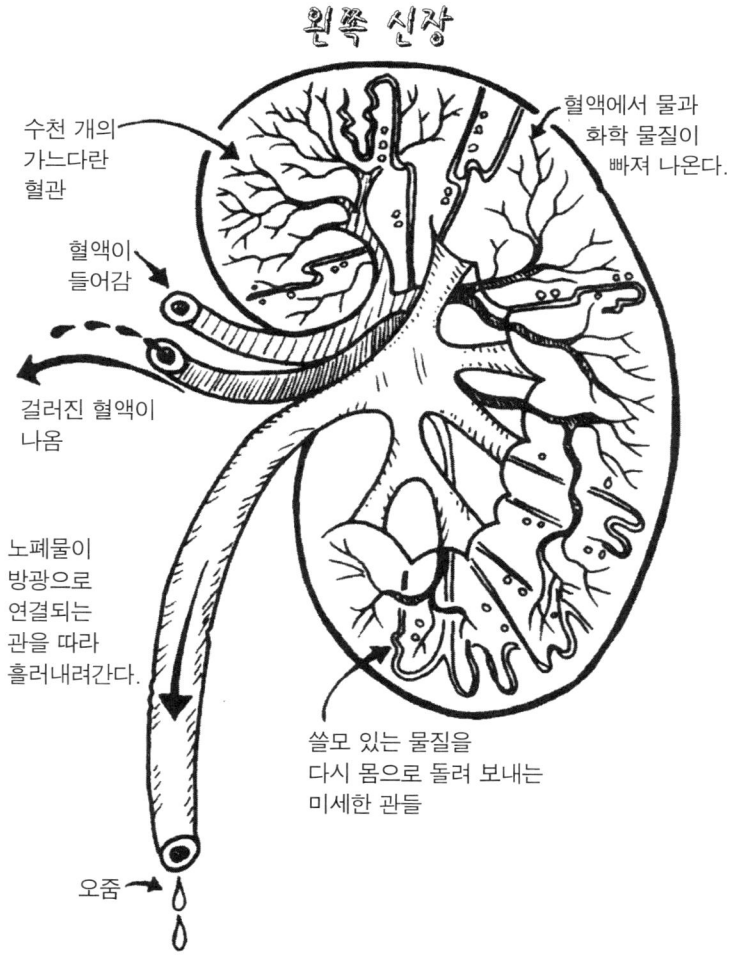

### ★ 요건 몰랐을걸!

신장에 문제가 있는 사람은 인공 신장을 사용할 수 있다. 인공 신장을 사용해 노폐물을 걸러 내는 것을 투석(透析)이라 한다. 최초의 인공 신장은 미국 볼티모어의 과학자들이 1914년에 만들었다. 인공 신장은 진짜 신장처럼 혈액 중의 노폐물을 걸러 내는데, 관을 통해 환자의 몸에서 나온 혈액을 인공 신장을 지나게 한 다음 다시 몸 속으로 들어가게 한다.

50년 전에 만들어진 이 인공 신장은 문제가 생긴 신장을 고치는 동안에 환자를 살아 있도록 해 준다.

### 알쏭달쏭 한 마디

그렇다면 이 여자는 입원해야 하지 않을까?

> 답 : 천만에! 배뇨는 '오줌 눈다'는 뜻의 한자말. 커피에는 신장이 물을 흡수하는 걸 막는 성분이 들어 있다. 그래서 커피를 마시면 오줌의 양이 많아진다.

## 오줌에 관해 몰라도 되는 사실들

쓸모없는 지식을 떠벌려 학교 전체를 놀라게 해 보자.

1. 어른은 하루에 1~2리터의 오줌을 눈다. 그러면 평생 동안에는 4만 리터나 오줌을 누는 셈인데, 이것은 욕조 500개를 가득 채울 수 있는 양이다(경고: 욕조 500개는 고사하고, 욕조 하나에라도 오줌을 누는 것은 정말 혐오스러운 일이다!).

2. 방광에 0.3리터 정도만 오줌이 들어도 방광이 가득 찼다는 느낌이 들고, 화장실에 가고 싶어진다.

3. 방광이 오줌으로 가득 찰 때, 방광 벽은 양파 껍질만큼 얇아질 때까지 늘어난다.

4. 방광 아래쪽에 있는 출구는 뇌의 명령에 따라 움직인다. 그래서 아무 때나 오줌을 싸지 않는 것(물론 가끔은 실수할 때도 있지만). 그러나 아기들은 어떻게 해야 하는지 모르기 때문에 기저귀를 찬다. 우리가 잠을 잘 때, 뇌는 잠자는 동안 지도를 그리는 일이 없도록 방광의 문을 꽉 닫아 두라는 명령을 내린다.

5. 여러분은 화장실에 가면 대개 숨을 잠깐 멈춘다(잘 모른다고? 다음에 화장실에 가면 확인해 보라). 숨을 멈추면, 간 위쪽에 있는 횡격막이 장을 내리누른다. 그러면 방광에 힘이 가해져 오줌이 배뇨관을 통해 밖으로 나갈 수 있다.

6. 오줌은 96%가 물이고, 나머지는 요소(몸에서 만들어진 노폐물)와 단백질 노폐물, 소금이다. 냄새는 좀 나지만, 대개의 경우 세균은 없다.

**7.** 옛날에는 전쟁터에서 부상을 입었을 때, 상처를 소독하는 데 오줌을 사용했다. 전혀 효과가 없으므로, 흉내내지 말 것.

**8.** 대개의 경우 오줌은 노란색이다(바로 요소 때문). 그러나 가끔은 다른 색일 때도 있다. 예를 들어 근대 뿌리를 많이 먹으면 오줌이 붉은색을 띤다. 그런데 오줌의 색은 한때 아주 유용하게 사용되었다. 바로 다음 사람들에게……

## 오줌 전문가 의사

병원에 가면 의사 선생님이 오줌을 받아 오라고 할 때가 있다. 병을 자세히 알기 위해서이다. 수백 년 동안 의사들은 오줌을 보면 모든 병을 알 수 있다고 생각해 왔다. 어떤 의사들은 오줌을 맛보기까지 했다! 웩!

중세 시대에 에스파냐의 오줌 의사 아르놀드(Arnold)는 이렇게 말했다.

요즘 의사들은 이렇지 않다. 그러나 여전히 환자를 헷갈리게 하는 어려운 용어들을 좋아한다.

## 알쏭달쏭 한 마디

이 여학생은 과연 뭐라고 대답해야 할까?

> 답 : 배변(排便)은 대변을 점잖게 표현하는 말이다. 대변이란 똥을 점잖게 이르는 말 중 하나다. 똥은 몸에 들어간 음식 중 필요한 것은 몸이 흡수하고 남은 찌꺼기로 식물들에게는 영양분이 되기에 유용한 물질이다. 아, 머리가 좋아지는 듯 했군.

### 끔찍한 대변

앞에서 모든 음식 찌꺼기가 결장에 모인다고 한 것 기억나지? 그런데 이게 가끔은 넘치기도 한다. 그래서 매일 이 찌꺼기를 항문을 통해 몸 밖으로 내보내는 것이 필요하다. 어린이의 경우, 하루에 150 g 정도 배설한다. 대변 중 3/4은 물이고, 나머지는 섬유질과 죽은 세균이 모여 있는 음식 찌꺼기이다.

※ 참고 : 항문 = 엉덩이에 있는 구멍으로, 몸 안의 쓰레기를 내보내는 일을 한다. '학문'이란 말과 혼동하지 말 것. 설마 항문을 매일 들여다보고 공부하고 싶진 않겠지?

### 나도 과학자가 될 수 있을까?

자, 여러분이 의사가 되었다고 생각하자. 두 환자가 왔는데, 한 환자가 "선생님, 제 대변이 붉은색이에요."라고 한다.

**1.** 뭐라고 대답해야 할까?
**a)** 그건 피입니다. 1주일 밖에 못 사시겠군요.
**b)** 간에 문제가 있어서, 쓸개즙이 붉은색이 된 것입니다.
**c)** 토마토를 너무 많이 드셨나 보군요.
**2.** 다른 환자는 "선생님, 제 대변이 파란색이에요"라고 한다. 뭐라고 대답해야 할까?
**a)** 아주 드문 일인데, 결장에 문제가 있습니다.
**b)** 있을 수 없는 일입니다. 혹시 외계인 아닙니까?
**c)** 시금치를 너무 많이 드셨군요.

답 : 1. c) 2. c)

## 변비와의 전쟁

걱정이 많을 때에는 몸 상태라도 좋았으면 싶을 때가 있다. 그러나 실제로는 그렇지 않다. 미주 신경은 무슨 이유에서인지 뇌가 화장실 가라는 신호를 보내도, 제대로 전달하지 않는다. 대변은 결장에 계속 쌓이며, 혈액 속으로 수분이 빠져 나간다. 그러면 대변이 건조해지면서 딱딱하게 뭉치는데, 이게 바로 변비! 또 하나 고민거리가 있는데, 스트레스가 심하면 장의 연동 운동 속도가 빨라져 설사를 하게 된다는 것!

만약 이런 일을 겪게 되면, 레인이 변비 환자에게 썼던 처방을 사용해 보는 게 어떨지?

파라핀유는 자전거 체인이 뻑뻑할 때 치는 기름과 같은 역할을 해 대변을 잘 움직이게 해 준다. 그런데 다시 생각해 보니, 사용하지 않는 게 낫겠다. 장이 램프가 되길 원치 않는다면 말이다. 왜 그런고 하니, 장에는 위험한 가스가 가득 들어 있기 때문이다.

### 알쏭달쏭 한 마디

이 환자는 수술이 필요할까?

답 : 아니다. 그저 꽁꽁 막힌 방귀를 뀌게 해 주면 된다. 의학용어로 표현한다면 '가스(排氣)를 분출 시켜야' 한다. 방귀만 잘 뀌어도 방귀 증세가 심각하지!

### 방귀에 대해 차마 묻기 어려운 10가지 사실

**1.** 왕과 왕비도 방귀를 뀐다. 대통령도 마찬가지. 아이들도 물론이고, 심지어는 선생님도 어쩌다 가끔은 뀐다고 한다. 차이점이라면 얼마나 자주, 얼마나 큰 소리로 뀌는가뿐이다.

**2.** 처음으로 방귀에 대해 글을 쓴 사람은 고대 그리스의 극작가 아리스토파네스(Aristophanes ; 기원전 448?~기원전 380?)로, 희곡의 한 등장 인물의 대사에 이렇게 썼다.

"내 바람이 마치 천둥처럼 폭발했소."

정말 재미있는 표현이지?

**3.** 방귀는 음식을 너무 빨리 먹거나 먹는 동안 말을 하거나 혹은 거품이 많은 침을 삼켜서 몸 안에 생긴 가스를 몸 밖으로 내보내는 방법일 뿐이다. 물론 트림을 하는 방법도 있다. 트림을 많이 할수록 방귀를 적게 뀐다. 그렇지만 온 식구가 모여 식사하는 데서는 이 원리를 설명해 주지 말 것.

**4.** 장에는 대변과 함께 공기도 섞여 있다. 공기가 너무 많이 섞여 있으면, 공기가 대변을 헤치고 솟아오르게 된다.

**5.** 놀랍게도, 어느 겁없는 과학자들이 방귀의 화학 성분을 분석했다(방독면은 쓰고 했을까?). 그들은 방귀에 다섯 가지 기체가 섞여 있으며, 주성분은 질소(59%)라는 걸 밝혀 냈다. 질소는 공기 중에 많이 들어 있지만, 사람들은 있는지조차 잘 느끼지 못한다. 옆 사람이 방귀 뀌었을 때를 빼곤!

**6.** 방귀의 냄새는 인돌(indole)과 스카톨(skatole)이라는 화학 물질 때문에 난다. 이 두 가지 성분은 음식에 들어 있는 단백질에 세균이 침입하여 생긴다.

**7.** 때로는 방귀에 황화수소라는 기체가 들어 있을 때도 있다. 황화수소는 다른 종류의 음식 화학 물질들이 장 속에서 합쳐지면서 발생한다. 방귀에 썩은 달걀 냄새를 내는 범인이 바로

이 황화수소이다. 황화수소는 단지 불쾌감만 주는 것이 아니다. 독성을 지니고 있고, 많은 양이 공기 중의 산소와 만나면 폭발할 수도 있다.

감자칩에는 아주 작은 공기 방울이 가득 들어 있다. 껌을 씹을 때에는 공기도 함께 삼키게 된다. 이런 공기들도 방귀라는 새로운 모습으로 태어날 수 있다. 그리고 당연한 이야기지만, 탄산 음료에는 공기 방울이 가득 들어 있다.

8. 콩, 양배추, 콜리플라워, 밀기울에 들어 있는 탄수화물은 장에 있는 세균들이 쉽게 가스로 바꿀 수 있다. 한편, 과학자들은 고기에는 방귀 냄새를 내는 화학 물질이 많이 들어 있다고 생각한다.

9. 미국의 우주 비행사들은 출발하기 전에 먹어서는 안 되는 식품이 있다. 대표적인 것이 콩이다. 좁은 우주선 안에서 10일 동안 갇혀 지내야 하는데, 만약 누가 방귀를 뀐다고 상상해 보라. 이제 왜 콩을 못 먹게 하는지 알겠지?

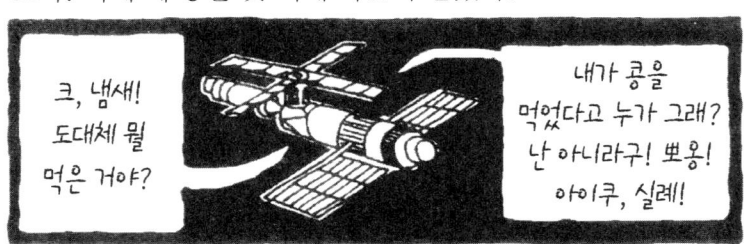

10. 하늘 높이 올라가면 방귀를 뀔 수 있다는 사실을 기억해 두라. 비행기가 높이 올라가면 기압이 떨어진다. 그러면 장에 있는 공기 부피가 커지고…… 그 결과는 상상에 맡긴다.

만약 방귀 냄새를 없애는 방법을 알아 낸다면, 수세식 변기를 발명한 것 이상으로 큰 환영을 받지 않을까?

## 수세식 변기의 탄생

1. 대변을 처음으로 물로 씻어 보낸 변기는 크레타의 크노소스 궁전에 설치되었다. 3500년 전의 이 변기에는 하수구에서 올라오는 퀴퀴한 냄새를 막을 수 있는 마개도 갖춰져 있었다.

2. 중세 시대에는 대부분의 사람들이 변기를 갖고 있었지만, 땅에 판 냄새 나는 구멍 위에 의자를 놓은 것에 불과했다.

3. 1590년, 영국인 존 해링턴(John Harrington)이 물로 대변을 씻어 내릴 수 있는 변기를 개발했다.
4. 그렇지만 진정한 의미의 수세식 변기는 1778년에 영국의 발명가 조지프 브라마(Joseph Bramah)가 자동으로 물이 채워

지는 물 탱크와 U자 파이프를 발명하면서 등장하였다.
5. 수세식 변기는 점점 일반화되어 누구든 설치할 돈만 있으면 가질 수 있게 되었다. 그러나 문제점도 있었다.

**지독한 악취!**

해가 갈수록 문제가 속으로 곪으면서 점점 커져 가고 있었다. 세계적인 도시, 런던이 고약한 냄새로 진동하였다. 그냥 불쾌한 냄새가 아니라, 그야말로 끔찍한 악취였다. 1850년경에 런던 시내는 썩은 하수구와 쓰레기, 그리고 온갖 지저분한 것에서 나온 냄새가 진동했다. 사태가 이렇게 된 것은 하수 체계가 엉망이었기 때문이다.

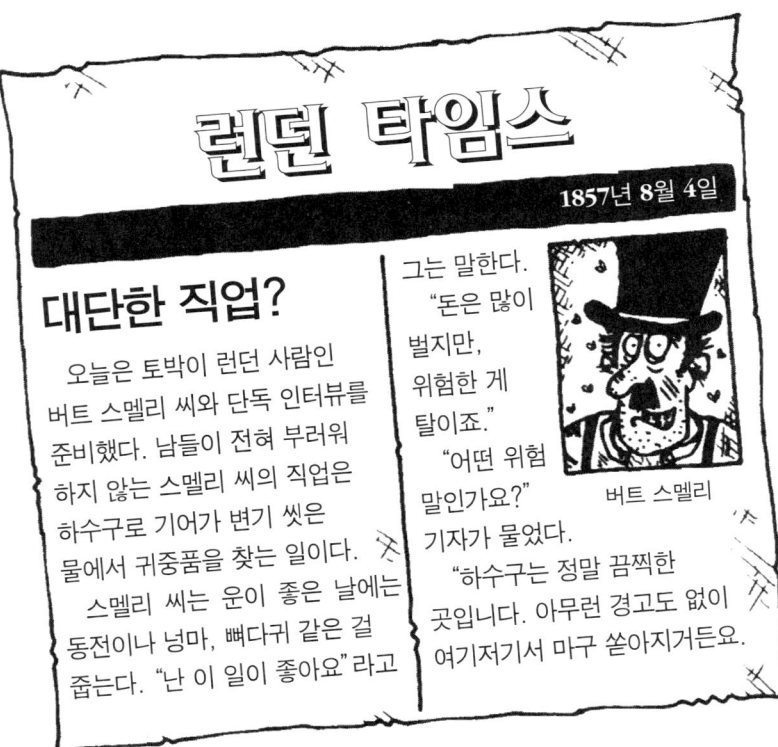

런던 타임스

1857년 8월 4일

**대단한 직업?**

오늘은 토박이 런던 사람인 버트 스멜리 씨와 단독 인터뷰를 준비했다. 남들이 전혀 부러워하지 않는 스멜리 씨의 직업은 하수구로 기어가 변기 씻은 물에서 귀중품을 찾는 일이다.
스멜리 씨는 운이 좋은 날에는 동전이나 넝마, 뼈다귀 같은 걸 줍는다. "난 이 일이 좋아요"라고

그는 말한다. "돈은 많이 벌지만, 위험한 게 탈이죠."
"어떤 위험 말인가요?" 기자가 물었다.

버트 스멜리

"하수구는 정말 끔찍한 곳입니다. 아무런 경고도 없이 여기저기서 마구 쏟아지거든요."

잘못하면 거기에 파묻힐 수도 있어요. 내가 아는 사람 중에는 오물이 가득 차 있는 웅덩이에 빠진 사람도 있어요. 또, 먹은 걸 다 토할 정도로 냄새가 지독하죠."

"또, 거기에는 쥐도 많아요. 고양이만큼이나 커다란 쥐도 있어요. 녀석들은 밤이 되면 하수도에서 나와 집 쪽으로 가죠. 어린 아기들을 공격할 때도 있어요. 제 친구들도 쥐에게 물렸어요. 우리는 결국 그 친구들의 뼈밖에 발견하지 못했죠. 그게 내가 될 수도 있다고 생각하면 정말 아찔해요."

"좋습니다. 다른 이야기는 또 없나요?" 기자가 물었다.

그러자 그는 손을 들어 보여

주었다. 손은 온통 흰 상처 투성이였다. 쥐한테 물린 거라고 했다. 세상에!

### 논설

우리는 이번 일에 대해 뭔가 조처를 취해야 한다고 생각합니다. 런던 시청은 새로 하수도를 설치해야 합니다. 정치가들도 이 일을 위해서는 힘을 쏟아야 합니다. 이 악취와 그리고 런던 시가 썩어 가는 것을 이대로 두고 볼 수 없습니다.

결국 하수도는 걷잡을 수 없는 지경에 이르렀다. 그리고 정말 무시무시한 냄새가 나기 시작했다. 역사상 그렇게 끔찍한 냄새가 난 적은 없었다. 1858년 무더운 여름, 템스 강을 가득 메운 쓰레기에서 나는 냄새 때문에 많은 사람들이 병에 걸렸다. 더 이상 참을 수 없게 된 사람들은 정치가들이 나서야 한다고 떠들어 댔다. 문제가 너무나도 심각했기 때문에 정부는 새로운 하수 체계를 건설하기로 동의했다. 그것도 당장!

### 초대형 하수도

새로 건설된 하수도의 총 길이는 209 km. 런던의 쓰레기를 쉽게 이동시키기 위해 비탈지게 설계했다. 이 하수도는 오늘날에도 계속 사용되고 있다. 오늘날 대도시들은 대개 복잡한 하수 체계를 갖추고 있다. 그러나 19세기만 해도 그런 시설은 사람들의 구경거리가 될 정도로 놀라운 것이었다. 그럼, 어디 한번 살펴볼까?

색다른 휴가를 즐겨 보세요……

# 런던 대하수도 관광 여행

결코 후회하지 않을 값진 추억을 드립니다!

홈통에서 떨어진 빗물과 변기에서 나온 오물이 최고의 하수도 시설에서 어떻게 탈바꿈하는지 직접 볼 수 있는 절호의 기회!

### 경이로운 여과 장치를 보세요!

하수도에서 흘러온 더러운 물을 여과 장치를 통과시켜 큰 덩어리들을 걸러 내고, 찌꺼기를 가라앉혀 맑은 물을 얻습니다.

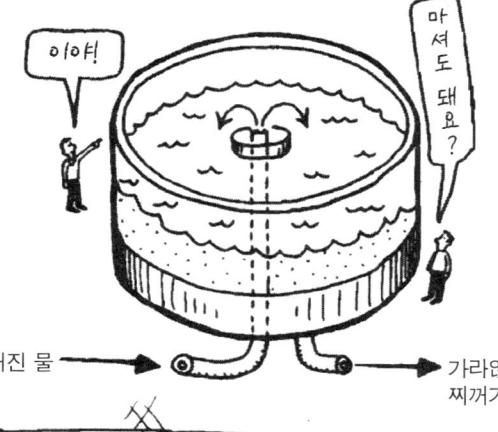

## 감동적인 노폐물 처리 과정을 구경하세요!

물에 섞인 노폐물을 탱크 속에 넣어 두면, 배고픈 세균들이 노폐물을 먹어 치웁니다.
또는, 독성이 강한 염소를 넣어 전부 죽여 없앨 수도 있지요.

## 숨을 죽이고 조용히 지켜보세요!

가라앉은 찌꺼기 하수는 세균들이 잔치를 벌이도록 몇 주 동안 방치합니다.

## 버리는 것은 하나도 없습니다!

이 과정에서 고약한 냄새를 풍기는 가스가 발생합니다. 이 가스는 하수 처리 시설을 가동하는 연료로 사용할 수 있으며, 심지어는 거리의 가스등을 밝히는 데에도 사용됩니다. 그리고 냄새 고약한 찌꺼기는 말려서 비료로 사용합니다.

이처럼 하수 찌꺼기도 훌륭한 비료가 될 수 있다! 그리고 그 비료로 자란 농작물이 여러분이 먹는 학교 급식에 오를 수도 있다.

 학교 급식이라고? 그러고 보니, 이 책은 학교 급식에 관한 이야기에서 시작해 학교 급식 이야기로 끝나는군.

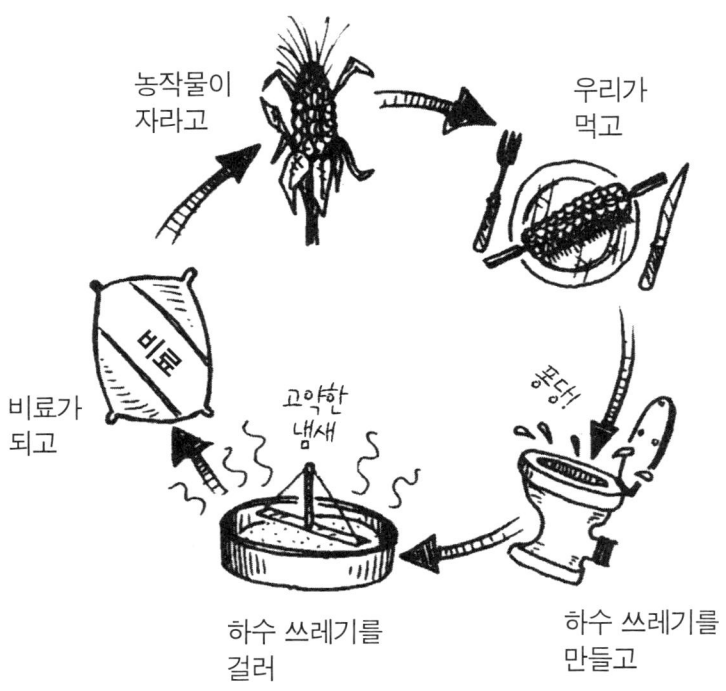

# 뱃속 여행을 끝내며

먹는 것은 정말 좋다. 우리는 음식에 대해 생각하고, 이야기하고, 때로는 꿈을 꾸기도 한다. 그리고 접시에 놓여 있을 때에는 먹기 전에 음식을 가지고 장난을 치기도 한다. 그러나 더욱 놀라운 일은 음식이 우리 몸 속에 들어갈 때 벌어진다.

만약 우리의 소화기가 기계로 만들어졌다면, 그것은 인간이 만든 기계 중에서 가장 훌륭한 기계일 것이다. 소화기는 매일 우리가 먹어 삼키는 모든 음식을 질서 있게 정리한다. 우리 몸이 사용할 수 있는 음식과 그렇지 않은 것을 골라 낸다.

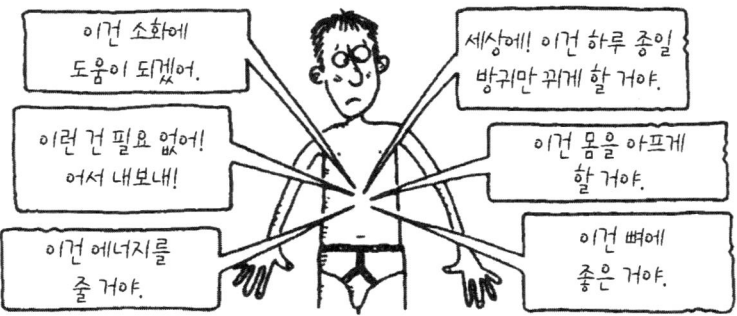

우리가 TV를 보든, 과학 수업을 듣든, 친구와 수다를 떨든, 우리의 장은 조용히(이상한 꼴깍꼴깍 소리는 빼고) 중요한 일을 하고 있다. 심지어 불평조차 거의 하지 않는다(물론 가끔 여러분을 토하게 만들긴 하지만, 그것은 꼭 그래야 하기 때문이다).

자, 이 페이지를 읽는 데 시간이 얼마나 걸렸는가? 1분 정도? 그렇다면 놀랄 준비를 하라. 1분이면……

- 위가 3번 출렁거릴 수 있다.
- 50만 개의 새로운 세포가 위벽에 만들어진다.
- 장에 있는 음식물이 2.5 cm 움직인다.

- 신장은 1.4 cc의 오줌을 걸러 내며, 지금 이 순간에도 방광에 한 방울씩 떨어지고 있다.
- 소화계의 침샘, 위, 간, 췌장 등 모든 선(腺)과 기관이 바쁘게 펌프질하고 소화액을 분비한다. 이것들은 모두 중요한 소화액과 효소를 만들어 낸다.

이 모든 일은 24시간 내내 계속 진행되고 있다. 우리가 잠을 자거나 과학 수업을 듣고 있을 때에도, 심지어는 먹을 것 생각을 하고 있지 않을 때에도. 자, 이제 드디어 굽이굽이 뱃속 여행이 끝났다. 어때, 정말 멋진 여행이었지?

아, 막무가내 박사님이시군요.
또, 뭘 삼키셨다고요?
저더러 또 그 일을 해 달라고요?
**딴 데 가서 알아보세요!**